愛とお金がどっさり増えた
人生大逆転の秘訣

ガマン根こそぎ解放術

著 マインドコーチ YUKO

KADOKAWA

人生、歳を重ねるほど悪い方向に向かっている気がする……

努力しなかったわけじゃないと思う……

結婚すれば幸せになれると思っていたけど……

疲れてるんだから、それくらい自分で決めてくれ！

結婚後すぐにダンナの態度がそっけなくなった……

収入が上がれば生活も楽になるかと思って始めたパートも

こんなこともできないんじゃ困っちゃうねぇ～

嫌われてばかりでなんだかうまくいかない……

私の人生死ぬまでこのままなのかな……

そんなことはありません!!

はじめまして!!
マインドコーチ
YUKOです!!
え!?
YUKOさん!?
相談の連絡を
くれたよね。
ありがとう!!
あなたの悩み
吐き出してね！
力になるよ！
本当に相談に
乗ってもらえるん
ですね!!
かつては私も
人生どん底まで落ちて
苦しんだけど……
離婚
役立たずの無能
デブ
ブス
世間の目
自己否定
モラハラ夫
借金800万
でも、一変したのよ！
あなたに
必要なのは
心の大掃除を
することよ！
しかも
何歳からでも
効果バツグン!!
心の大掃除？

～心の仕組み～
心っていうのは、本音をガマンするほど
怒りやモヤモヤが心にこびりつくようになり、あるがままの姿を見えなくするの
モヤモヤ
怒り
ガマン
本音
本心
自分の心が見えなくなると不安になって
他人の目ばかり気になってくるのよ
うおりゃあああああー!!
だから、人生を変えたいのなら「心のガマン癖」をキレイさっぱり取り除く必要があるのよ!
ガマン
ガマン
ガマン
ぽーーい!
本音
本心
おお!!

心の掃除は私にもできますか……？
もちろん!!
掃除の専門家がいるように心の掃除の専門家がいるのよ！
それが私!!
いつも人の目を気にして自分よりも人を優先してしまう
まるで召使いの召使いマインド
自分の心に従って自分の物語を生きる!!
プリンセスマインド
心に染みついたガマンを取り除けば
人生はガラリと変わるよ!!
たくさんのワークとともに紹介しますね！

✦ はじめに ✦

私は人生を３度、終わらせてしまおうと思ったことがあります。

いきなり暗くて重い話ですみません。

だけど、赤裸々な私の実体験をお伝えしたほうが、この本を手に取ってくれたあなたの心に響くと思うのです。

もしもあなたが以前の私のように、生きづらくて、息苦しくて、人生が思うようにいかなくて……、

「**もう、何もかもがイヤ！**」

と、そう思っているのだとしたら。

ぜひこの、「はじめに」だけでも読んでみてもらえないでしょうか？

「どうして私だけ、こんな思いをしなければいけないの？」

数年前までの私は、まさにそんなことを思い続ける日々を送っていました。

「人生が思うようにいかない……」

それが私の人生の代名詞になっていたほどです。

だけど、**本書で詳しく紹介していく方法を仕事や家事の合間に試していったら、私の人生は〝50歳から〟劇的に変わってしまった**のです。


お金もかからず、50歳からでも、何歳からでも、私のような凡人でも人生を変えることができる。

そんな魔法のような方法があるとしたら、どう思いますか？

「もうこのへんで、本気で人生を変えたい」と、そんな興味が湧いてきませんか？


かつての私が今の私へと人生大逆転できたのと同じように、あなたにも最高の人生を送ってほしい！　と、本気でそう思っています。

冒頭で私は、人生を終わらせてしまいたいと思ったことが3度あると、そうお伝えしました。

1度目は、実は小学校の低学年の頃……。

そして2度目は、夫の借金がわかったとき。

3度目は50歳直前のことでした。

1度目の時期のことです。

毎日のように親や先生に怒られていた私は、小学生の頃にはすでに、

「私なんてどうせ」

というマインドが心に染みついていました。

ある日、

「私なんてどうせ、この世にいなくてもいいんだ……」

と、ふとそんな言葉を、口からもらしてしまったことがありました。

そして、その言葉を聞いていた友達からは、

「じゃあ死んじゃえば？　今日死ねば？」

と軽く言われたことがあります。

その返答を聞いた私は、
「私はやっぱり、いないほうがいいんだ」
と思い込み、自宅に帰って母のカミソリで手首を切りました。

血を見たときに我に返りましたが、実はそれからも、震える手で何度もカミソリをつかんだことがありました。

2度目は離婚した頃のこと。
元夫の借金が800万円にも膨らんでいたことがわかります。
消費者金融だけでなく、ヤミ金にも追われ、「子どもを誘拐する」という脅しの電話が日に数百回もかかってくるようになったのです。

脅迫の電話が鳴り続けても、元夫の借金癖は直るどころか悪化する始末。

本人に反省の色はなく、子どもの学資保険や私の貯金もすべて勝手に解約され使い込まれていました。離婚後も、なぜか元夫の借金を私が返済していました。

私はやがて自律神経失調症にかかります。

お金もなく、不安で不安でたまらない毎日。

そんなときに、息子の発達障害がわかりました。

息子は学校では知らない人がいないほどの「問題児」として、先生や周りの人から毎日非難され、否定されていました。

私もしょっちゅう息子を連れては息子のお友達の家に頭を下げて回りました。

そのときにお友達のご家族からは、

「あなたの息子さん、将来は犯罪者にでもなるんじゃないの?」

「どういう育て方をしたらこうなるんですか?」

と、言われたこともあります。

車で帰り道に運転しているとき、無表情だった私の目からは涙が流れ落ち、気がつけば車のハンドルがビショビショになっていました。

それでも、息子は毎日暴れ、家の中も穴だらけ。

私に向かってハサミが飛んできたこともあります。

家の中では、毎日娘の泣き声が響き渡っていました。

娘の泣き声を聞きながらも、苦しさから、徐々に私の感情はなくなっていきました。

私は朝から深夜まで働き、心も身体もさらにボロボロになっていきます。

その頃は毎日、「もう死んだほうがずっと楽になれる」「早く楽になりたい」と自死の方法をインターネットで検索していました。

でも、何度死のうと思っても、やっぱり子どもを道連れにすることはできませんでした。

3度目は49歳のときでした。
私は仕事に没頭していました。

稼ぐことで自分の価値を見出そうとしていた私は、人生の中でもこのときが一番よく働いていたと思います。
朝の4時半に起きて、ノンストップで夜の11時まで働く毎日。

でも、そこまで没頭して働いても、なぜか心が満たされない。
いつもモヤモヤしながら働いていました。

とはいえ、自分でもよくやったと思うくらい全力で頑張っていたと思います。

でも、そこで信じていた人の裏切りにあいます。
それまでギリギリでやっていた私は、裏切りのショックに耐え切れず、積もり積もっていた疲労から心のバランスも崩れ、身体も動かなくなり、高熱と動悸、激しいめまいで「寝たきり状態」になってしまいました。

さらに間が悪いことに、それはちょうど、「新型コロナウイルス感染症」が流行り出した頃。

病院にも診察を拒否されて、状態はどんどん悪くなっていきました。

「このまま死にたい」

意識が朦朧としながらも、心の底からそんなことを思っていました。

でも……**そんな私が今、どうなっていると思いますか……？**

毎日悩みを抱える方のカウンセリングをさせてもらい、5ヶ月先までカウンセリングの予約が埋まっている状態です。

「何をしてもダメダメな私」が50歳で転職し、52歳で法人化に成功。

月収14万円から月商8桁にまでなったのです。

先ほどお話しした息子も、様子が180度変わります。

自分の夢を見つけ、その実現に向かって自ら努力するようになりました。

娘も、当初目指していた以上の難関大学に奇跡的に合格しました。

長年うつ病を患っていた母の状況は目覚ましく改善しました。

パートナー関係でも、愛する今の夫と出会い、再婚。元暴走族で、出会った当初は「瞬間湯沸かし器」のように短気だった夫も、次第に穏やかで優しくなりました。愛情にあふれた幸せな日々をともに楽しんで過ごしています。


死にたいと本気で思うほどにつらかった経験と、

「絶対にここから抜け出すんだ！」

という強い気持ちでここまで続けてきた〝方法〟があったからこそ、私はどん底の地獄からでも、人生大逆転することができたのです。


今私は、その〝方法〟を1人ひとり、悩みを抱えている方にお伝えしています。そして、それを実践された方々から毎日、

「人生が変わりました！」

というメッセージをもらっています。

勉強も中の下。
ノロマで要領も悪く、いつも先生や親に怒られる肥満児。
ゆえに、友達からもいじられ、馬鹿にされる常連だった私。
社会に出てからも上司に嫌われ、仕事を干されていた。
結婚してもうまくいかない。

この本ではまさにそんな状況からの逆転を叶える秘密を全部詰め込んだ、〝YUKO流、魔法のメソッド〟をお伝えしていきます！

もったいぶらずにお伝えしますね。
その秘密の方法とは、〝ガマン解放術〟というもの。

あなたはこれまでの人生でどれくらい〝ガマン〟をしてきましたか？

人生どん底だった頃の私は、いい人に見られたくて、人の目ばかり気にして本当の自分の気持ちを常に抑え込む **〝ガマンのオンパレード人生〟** でした。

でも、その頃の私は、実は無意識に、「ガマンが当然」と信じて疑ってもいなかったのです。

実は **「無意識の〝ガマン〟が人生を狂わせる原因」**、と言っても過言ではありません。ですから、その〝ガマン〟を解放したら、あなたの人生は１８０度変わると言えます。

ただ、**その解放には「コツ」があります**。

その「コツ」を、これからこの本でじっくりお伝えしていきます！

私は今、とても幸せで満たされています。だからこそ、何度も命を絶とうと思い、心が擦り切れて人生諦めようとしていた、そんな過去の私に伝えたい。

「大丈夫！　あなたのその苦労が報われるときが来るよ！」

「つらいよね。とてもよくわかるよ。でも、人生諦めないで。私があなたの味方でいるから！」
「だから生きて！」
そして、過去の私だけではなく、この言葉をあなたにも贈ります。

この本が、あなたが「自分に生まれてよかった！」と思えるきっかけになるように、これから全力でお伝えさせてもらいますね！

2024年3月

アラフォーアラフィフ応援団長
マインドコーチ　YUKO

Contents

第1章

「白馬の王子さま」と結婚したらさらに不幸になった!?
～理想を解放し、愛を手に入れる～

第2章

倹約を頑張りすぎると金運低下!?
～欲望を解放し、不足から満足へ変わる～

第3章

「嫌われたくない!」では人間関係は改善しない!?
～ホンネを解放し、「いい人」を克服する～

第4章

あらゆる事象の根本には「母」がいる!?
～母へのガマンを解放し、私の物語を生きる～

ブックデザイン／松山千尋（AKICHI）
本文漫画／すがのみさき
本文DTP／内海由
図版作成／エヴリ・シンク
校正／山崎春江
編集協力／塩尻朋子
編集／大井智水

序章

染みついたガンコな「心のガマン癖」をキレイさっぱり取り除く！

心のガマン癖を取り除く「心の大掃除」

人生どん底だった頃の私は、自分の心の声を限界までガマンして、抑えつけていました。

50年近くも他人の目ばかり気にして、自分よりも人のことを優先する召使いマインド。常にいじられキャラで自己肯定感は底辺でした。

そんな私でも、自分が望む人生を堂々と歩めるプリンセスマインドに変わり、自分が主役の人生になれたのです。

それもこれも、無意識のうちに溜め込んだガマンをやめて、自分の心のフタを開き、心の声を聞くようになったからだと思っています。

この本では、愛、お金、人間関係、人生全般などあらゆる側面において、**本音をガマンし続ける人生から、自分の人生を楽しく生きる人生に変わるための**

方法を紹介していきます。

ぜひ、ワクワクして読み進めてくださいね！

まず、あなたに質問です。

人はどうすれば、人生を自分の望む通りに変えることができると思いますか？　また、望む人生を送りたいと思っていても、どうして人は望むままの人生を生きられずに悩んでしまうのでしょうか？

その落とし穴はどこにあるのでしょうか？

私は、その落とし穴とは、**積もり積もって心に染みついてしまった「ガンコな心のガマン癖」だと考えています。**

長年自分の本音をガマンし続けていると、それが心のガマン癖になります。

人は歳を取れば取るほど変わりづらい、そして、人生を変えるのも難しいと思われているのは、この**ガンコなガマンの癖のこびりつきが年齢の分だけ積も**

り積もって、心に溜まっているからです。

家の掃除をイメージしてみてください。

長年手入れをしていない部屋は、シミやら汚れやら垢(あか)やらで本来の姿が覆い隠されていますよね。

「この床と壁、本当は何色だったっけ？」

そのような状態を想像してみてください。

心も同じ。今あなたが本音をガマンしているのだとすれば、ガマンした分だけ怒りや不満が生まれ、その感情のせいでますます「本当の望み」が覆い隠されて、見えなくなってしまっているのです。

ずっと手つかずなままの部屋の惨状と同じ？

じゃあ、私の人生もこのままなの？

などと絶望する……必要はありません！

こびりついたガンコな汚れを取り除くその道専門の掃除職人がいるのと同じように、ガンコな心のガマン癖を取り除く職人がいるのですから。

そう、私です（**笑**）。

私はこれまでに何千人もの方の心の大掃除を手伝ってきました。

そうしてまとめたのが、本書のタイトルでもある、「ガマン根こそぎ解放術」のメソッドです。

私は心にこびりついたガンコな「不満」や「怒り」と、その原因となる「ガマン」という心の癖をキレイさっぱり取り除く職人だと自負しています。

多くの実績を持っていますから、どうか安心して任せてくださいね。

大掃除をして心を抑えつけるものがなくなれば、あなたは今よりもずっとずっと自分の本当の気持ちに気づきやすくなるでしょう。

不安や怒りなどがなくなり、心が軽くなり、楽になって、心の声に素直に従えるようになるでしょう。

自分の心が求める方向に進むのが、自分を幸せにする近道です。

そして、自分の人生を堂々と、自信満々に生きられるのです！

さあ、「ガマン根こそぎ解放術」で心の大掃除をしていきましょう！

人生がなかなか変わらない落とし穴
～シンデレラは本当に変われた？ お城でも雑巾がけを続けていた説～

どうして人は、自分が望むままの人生を生きられずに悩んでしまうのか？

その落とし穴は、積もり積もって心に染みついてしまった「ガンコな心のガマン癖」が、あなたの変化を拒んでいるからだと先ほどお伝えしました。


見事に「わき役人生」から「主役人生」へ大変身した代表的なキャラクターに、童話のシンデレラがいますよね。

けれどある日、私はふと思いました。

「**シンデレラは本当に変われて、幸せになれたのだろうか？**」と。

もしかしたらシンデレラは、わき役人生時代にずっと抱き続けていた、本音をガマンする「召使いマインド」が心の癖としてこびりついているために、結婚後も自分自身の人生を歩めていないんじゃないか？

つまり、「なんだか床を磨かないと落ち着かないわ〜」「王子さまや皆さまがよいほうで……」などと言って、お城でも自ら雑巾がけしているんじゃないか⁉　という説が思い浮かんだのです。

私がそう思うようになったきっかけは、自分の実体験を見つめ直しながら、本書で紹介する「ガマン根こそぎ解放術」の方法論をまとめていたときです。

私自身が**頭でわかっていても、環境や結婚相手が変わっても、すぐには人生を変えることができなかった**ように、そして何千人もの方たちの悩み相談を受けて、変わりたいけど変われないと悩むたくさんの方たちを見てきて、その原因を探っているときに、「カギはガマンだ！」と考えるようになったのです。

結婚したから、突然お金が手に入ったから、幸運だったから。

それだけで180度人生が変わるかというと、そんなことはない！

私のように、外部の環境が変わっても、相変わらず不幸せな人はたくさんいます。なぜなら、**本当に人生を変えるために必要なのは、白馬に乗った王子さまでも、お金でも幸運でもなく、「心の大掃除」だからです。**


長年にわたり心にこびりつかせてきたガマンと、そこから生まれる不安や怒りといった感情をキレイさっぱり取り除くことが、何よりも大切。

心の掃除をしないと自分の本当の心は見えてこないのですから。

「自分の気持ちは自分が一番よく知っている」と考える人はたくさんいます。でも、本当は、そんなことはない。「何がしたいかわからない」「どうしたらいいかわからない」などと、迷える人が大勢いるのです。


はたしてシンデレラは、それまでに自分がしてきた「ガマン」と向き合って心の大掃除をしたでしょうか？

物語を見る限り、その描写はありません。

たしかに、白馬の王子さまが現れたことによって、シンデレラの人生は一見、すべてが変わったように見えます。だけれど、自分の「ガマン」や「心の癖」と向き合っていないシンデレラは、それまでに持っていたマインドを捨てられずに、そのまま持ち続けているのではないでしょうか。


たとえ童話の世界だとしても、シンデレラはそれまで何年もの間、継母や義姉たちに意地悪をされて、ボロボロの服を着て、雑巾で家の床を磨いていました。日々、「いじめられるのが私」「雑巾で床磨きしているのが私」と、そんな自分のことを「本当はイヤだけれど、これが私」とどこか少しでも受け入れていたのだとすれば、そのセルフイメージはシンデレラの中に残ったまま。

マインドが変わらなければ、元の生活にまた引き戻されます。そして、**この落とし穴に落ちている方が本当にたくさんいらっしゃる**のです。

環境が変わってても、お金が入ってきても、自分の心が変わらなければ、新しい状況にフィットせず、居心地の悪さを感じ、幸せを感じることはありません。

むしろシンデレラは意地悪な継母や義姉たちから、

「早く掃除しなさいよ！」

と言われていた頃が懐かしい……とすら思っていても不思議じゃない（泣）。

私もこの落とし穴に落ちた1人でした。

シンデレラのストーリーは女性が憧れる要素満載ですよね。「いじめられていたシンデレラが王子さまに見初められて、結婚する」という、「白馬に乗った王子さまが迎えに来てくれて、人生が変わるハッピーエンドの物語」。きっと多くの女性が、「いつか私にも!!!」と思っていた時期があったと思います。

何を隠そう、シンデレラのストーリーをすっかり「自分ごと」としてとらえ、そして元夫を「私の王子さまだわ〜」と思って結婚したのは、**紛れもなく過去の私（笑）**。

私は子どもの頃から「いじられキャラ」で、何を言われても何をされても心とは裏腹にただ「ニコニコ」しているしかありませんでした。

でも、

〝結婚さえすれば幸せになれる!!!〟

〝結婚さえすれば人生が変わる!!!〟

と信じて疑わなかった。

だからこそ、結婚した当初は「完璧な妻」になろうと、家事に没頭。

家中ピカピカにしていました。

夫が仕事に出かけるときはハンカチにアイロンをかけて、靴を磨いておくだけでなく、車のエンジンを前もってかけておいて、夫が出かけるまでにお弁当を車に運ぶのが日課だったのです。

ところが夫はそんな私を「ウザい」と言い、パチンコ屋に入り浸るようになり、私に内緒で借金を増やしていったのです。

「結婚」は、多くの方にとって、ライフスタイルが大きく変化するきっかけの1つですよね。でも、**もし結婚する前の人生が私のようになんとなくモヤモヤし、不幸せだったのであれば、「結婚」は人生を大きく好転させるきっかけにならないばかりか、逆に最悪の人生の幕開けになってしまう可能性**もあります。

カウンセリングをしていても、多くの方がこの落とし穴に落ちてしまっていると感じています。

人生を変えるために知っておくべき仕組み ①

人間には「現状維持機能」が備わっている

では、どうすれば「心の大掃除」ができるのか？

具体的なお掃除方法をお伝えする前に、「願いがどんどん叶う」「わき役ではなく主役」になれる人生を手に入れるために知っておくべき、大切な「仕組み」

の1つを説明しますね！

実は、「仕組み」はいくつか存在します。

でも、難しいことはなく仕組みはどれもシンプルで、説明されれば「なるほど納得！」と思うようなものばかりです。

仕組みを知り、その仕組み通りに行動することで、心の大掃除がやりやすくなる。そして、ビックリするほどスムーズに人生が好転していきます。

まず知っておいてほしい「仕組み」は、**私たちの心と身体に存在している「現状維持機能」**です。私たちの身体は、環境がどう変化しても一定のリズムで心臓を動かし、血液を送り出して生命を維持します。

この仕組みは「ホメオスタシス」と呼ばれます。

また、身体的にだけでなく、心理的にも「ホメオスタシス」は存在します。

心理的なホメオスタシスは、頭では「なんとしても私は変わるわっ！」と思っていても、無意識のうちに変化を避けるような行動をしてしまいます。

毎年のように、「ダイエットする！」と決意してジョギングを始めても、

「今日は寒いからやめておこう」

「疲れたからムリはしないでおこう」

などとあれこれ理由をつけてやめてしまうのは、決してあなたがナマケモノだからではありません。


「ホメオスタシス」が、「変わらなくてもよくない？」「慣れている今の生活のほうが心地よいでしょ？　ホラ！　このままでいようよ〜」と、強烈に訴えかけてきているからなのです。

「ホメオスタシス」は現状を維持するために、急激な変化を嫌います。

だからこそ、最初にお伝えしておきたいのですが、**「人生を変えよう！」とするときも、ホメオスタシスは常に「元に戻ろう！」と誘惑してきます。**


変わりたい自分と、それをイヤがる脳が綱引きをしているような状態。

変わりたくても変われないのは、決してあなたの意志が弱いせいではない。

このことを知っておくだけでも、ちょっとサボったからといって、「なんで、自分はいつもこうなんだろう」と自分を責めたりすることは減るはずです。

「この本を手に取ってみただけでも、自分ってスゴイ！」

「サボっても、またやればいいい」

など、気持ちを切り替えて、私と一緒に前に進んでいきましょう！

私の人生、シンデレラの100倍不幸でガマンの連続だった

「はじめに」でも少しお話ししましたが、**私は50歳近くまでズタボロの人生を歩んできました。**

私はず〜っと、活躍している人、華やかな人たちを見て、「自分とは、デキが違うから」とあきらめて、わき役人生を歩んでいたのです。

少し詳しくお話しすると、私は子どもの頃からやることは誰よりも遅く、要領も悪く、忘れ物も多くて、いつも両親や学校の先生から怒られる「的」でした。実は、注意欠如・多動を特徴とする「ADHD」だったのですが、当時はそのような名前は知られておらず、誰にも理解してもらえず、ただただ落ち着きのない子として、怒られてばかりだったのです。

小学校、中学校で仲間はずれにあったこともあり、「私は、みんなが言う通りのさえない子、ダメな子なんだ……」というセルフイメージが意識に刻み込まれます。

その考えは大人になっても根強くこびりつき、どんなことが起きても「自分が悪い」「私がダメだから……」と自分を責めて、自分の気持ちを抑え込むのがあたりまえになっていきました。

職場でお局さんにいじめられても、「どうせ私が悪いからだ……」と無意識のうちに考えて落ち込み、さらにつらくあたられる。最初の夫が借金を作っても、「私のせいだ」「私がもっとしっかりしていたら……」と自分を責める。

ただ、**自分の心にフタをしているのに、私には「ムリしている」「ガマンしている」という意識はありません**でした。

「自分がダメだから……」「自分のせい」と無意識に考えるのがあたりまえになっていたからでした……。

人生で一番つらかったのは、最初の夫と離婚したあと、36歳の頃です。元夫からの養育費はあてにならなかったので、私が1人で働いて2人の子どもを育てなければなりませんでした。

そうして日々の生活に追われる中で、息子が「発達障害」だということがわかります。今でこそ、「発達障害」は人の特性であり、病気ではないという理解が広まっています。

でも、当時の先生や近所の方からは、

「この子は将来どうしようもない大人になりますよ！」

「どんな育て方をしたらこうなるんですか？」

と言われる日々。

息子の連絡帳は毎日、先生の注意書きで真っ赤でした。

相談する人もいない、誰にも本音を言えない心細い日々で、私は何度も息子と一緒に命を絶つことを考えました。

でも、娘の寝顔を見ると、

「この子を残してはいけない……」

と何度も踏みとどまりました。


そんな状況なのに私は、「私なんかが暗くなっていたら、誰にも相手にされない……」「明るくしていなきゃ」と、**さらにさらに自分を追い込んで、つらい気持ちをムリやり抑え込み続けます。**

昼は仕事中も何事もないように冗談を言って人を笑わせ、夜、1人になると部屋の隅で泣きながら「いのちの電話」に電話をするのが当時の日常でした。

状況を知った友人が涙を流してくれたときでさえ、私は自分の感情を抑え込んで、

「全然落ち込んでないし！　明るい離婚だから！　大丈夫よ～泣かないで！」

と、逆に友人を慰めていたのです。

本当は号泣したかった。つらいって叫びたかったのに。

誰かに苦しい気持ちをわかってほしかったのに。

そうやって心にフタをしたまま生きてきました。

衝撃を受けた「あなたのままでいい」という言葉

もしかしたら私も、そこそこ幸せな人生だったら、「人生、こんなもの？」と納得して、今でもそのまま暮らしていたかもしれません。

でも、ドン底とも思える状況に陥ったことが、「このままじゃ、イヤだ！」「人生、変えたい！」と強く決心するきっかけとなりました。

そして私は、心理学、脳科学、量子力学、宇宙理論など、人の心やこの世の仕組みなどを必死に学び始めました。

その頃の私の月収は14万円。

あるとき、どうしても学びたいセミナーを見つけます。でもそのセミナーは、受講費用が高く、当時の私には背伸びしないと出せない金額。まだまだ借金が残っている自分には敷居が高い。

「借金を返してからにしよう」と、何度も自分に言い聞かせます。でも、それでもあきらめることができず、そのセミナーに参加したかった。だから仕事を増やして朝から晩まで働き、勇気を振り絞って通い始めたのです。

そうして参加した心理学、心理療法のセミナーで、講師の先生に言われた衝撃的な言葉があります。

私は、ドン底から脱出するために、借金があるのにお金をやりくりし、人生を賭けてセミナーに参加しました。

そして勢いこんで講師の先生に、

「人生、変えたいんです! こんな私でも変わることはできますか?」とたずねました。

すると先生は落ち着いた声で、

「あなたは変わる必要はありません」

と言いました。

私は、

「え？」（この先生は何を言っているんだろう？　私が言ったことの意味をわかっていないのかな⁉）

と思い、もう一度聞きました。

「私は今までと同じ人生はイヤなんです。変わりたいからここに来ました。変われますよね？」

と念を押しました。

ところがその先生は、

「変わる必要はありません」

と相変わらずニコニコ。

私がしつこく、

「私が変わらなかったら、人生、変わらないじゃないですか？」

と言うと、なんと、

「あなたは、あなたのままでいい」

「あなたのままで、成功していくんです」

と言ってのけたのです!!

それを聞いたときの私は、衝撃と同時に、

「え〜っ、私のままでいいってどーいうこと？」

と混乱します。

そんな私の様子を見た先生は、

「あなたに〝変わらなきゃ〟という考えがある限り、人生は好転しませんよ。あなたはあなたのままを貫いて、ありのままの自分を肯定してあげたら、人生は大逆転するんです」

と、優しく諭してくれました。

そのときはまったく意味がわからず、私は、「???」という顔をしていましたが、今なら納得できます。

そして、多くの「人生を変えたい」と思う方にも、同じように伝えたい!

あなた以外の「何者か」に変化して、人生を変えようとしなくてもいいのです。あなたは「あなたのまま」でいい。ただ、溜め込んだ心のガマン癖を取り除くだけで、人生が変わるんです。

これまでずっと「いい人」で生きてきてない?

今は「マインドコーチ」として、多くの方の人生を望む方向に導くお手伝いをしている私のところには、以前の私のように、さまざまな難関にブチ当たり

「どうにかして、人生を変えたい!」と願う方がたくさん相談に来られます。

また、人生に行き詰まった方以外にも、傍から見たら幸せそうな人生を送っている方からも連絡をいただきます。

そんな方たちの話を聞いてみると、これまでずっと「いい子」や「いい人」で生きてきた人があまりにも多いのです。

親が勧める学校に進み、親がいいと言う進路を選ぶ。

結婚相手でさえ、親が選んだ人だということも少なくありません。

問題を起こしたりせず、一般的に優秀で、親の願う「幸せな人生」を送ってきた人ばかりです。

でも、40代、50代になって「何か違う」と感じている。

実は、人生に大きな課題を抱えている方と、一見幸せそうに見える方、どちらにも共通する、ある問題があります。

それは、**「本当の自分」が何を求めていて、本当は何が幸せだと感じるのかを知らないまま、なんとなく人生を送ってきてしまっているという事実。**

これは、無意識のガマンを積み重ねた結果、本当の自分が見えなくなっているのです。

もちろん、私もその1人でした。

私の場合は、親や世間一般が考える「いい子」ではなかったけれど、自分の気持ちや感情を抑え込んで、波風立てずにいようとしていたのは同じです。

私は幼い頃から怒られてばかり。いつの間にか、「人の機嫌を損ねないよう、自分がガマンすればいい」と、無意識のうちに考えるようになっていました。

私がどれほど必死に「いい人」でいようとしていたのか、この話をすると驚かれます。

私がまだ30代の頃、妊娠初期の体調が悪い時期に友人にショッピングに誘われました。もちろん、「具合が悪いから断る」という選択肢は私にはありませんでした。**人の機嫌を損ねたり嫌われたりするのを、以前の私は無意識のうちに最も恐れていた**からです。

そこで、ムリをして、「いいよ、行く行く〜」と、まるで楽しみにしていたかのようにショッピングに出かけたのです。

しかも、友人が買った荷物を、「持ってあげるよ」と言って、何時間も友人の荷物を持ち歩いていました。

そして私は、家に帰って倒れてしまいました。その日ムリをしたのが原因の1つとなり、妊娠していた子どもを流産してしまったのです。

「なんで⁉　私はいい人になろうとしているだけなのに」

「神様は私にどんな罰を与えようとしているの⁉」

そんな気持ちでいっぱいでした。

そんな私だったからこそ、

「今のままの自分じゃイヤだ」
「自分を変えたい！」
という気持ちが人一倍強かったのです。

人生を変えるために知っておくべき仕組み②

「あなたのまま」が人生大逆転の秘訣

私が本当の意味での「あなたのままでいい」がどういうことかを理解したのは、このときの先生の言葉を聞いてから何年もあとのことでした。

そのくらい、**「ありのままの自分でいる」というのは、簡単そうで奥が深い。**

できていそうでできていない人が多いのも、この「仕組み」です。

「あなたのままでいてうまくいく」というのは、今のまま、何もしないでいて、自然と人生が好転していくということではありません。

また、言いたいことを言いたい放題、ワガママになればいいというのとも、少し違います。まずは、**「あなたのまま」がどういうことなのかを知るために、本当のあなたの気持ちや感情を見つめてあげることがとても大切**です。

「自分のことだから、自分が一番よくわかっている！」と考える人は決して少なくありません。

でも実際には、ほとんどの方は、親やまわりの人が言う言葉や価値観や考えなどを、そのまま「自分のもの」と思い込んでいます。

そして、**本当の自分を知らずに暮らしている。**

それが、人生をこじらせている原因です。

私たちを幸せから遠ざけている落とし穴は、まさに「ココ」です。

心の大掃除を始めて、よ〜く自分と向き合ってみると、今まで考えてもみなかった本当の自分が見えてきます。そして、本当の自分が何を思い、何を求めているのかがわかったら、その本来のあなたを尊重し、大切にしてあげることが、人生を好転させる近道になります。

私はずっと、自分の本当の気持ちや感情を抑え、一般的に考えられている「いい子」「いい人」であろうとしていました。

そして、ありのままの私を否定しまくっていました。

ありのままの私は「ダメ人間」。だから頑張って人のために何かをしないと、存在する価値がないんじゃないか⁇

そんな気がしていました。

「ありのままの自分」になんてなりたくなかったんです。

でも、私という存在も、「あなた」という人も、世の中にたった1人しかいない尊いもの。あなたの代わりはどこにもいません。唯一無二の存在。

あなたはあなたを選んで生まれてきている、と考えてみてください。だから、あなた以外の誰かになろうとしなくてもいいのです。

いいえ。あなた以外になってはいけないのです。

もしかしたらここまでの説明では、まだまだ「あなたのままでいい」というのが具体的にどういうことなのか、わかりづらいかもしれません。

でも、これから先の章で、あなたがずっと溜めてきたガマンや不満を解放して、本当の気持ちや姿を見つめる方法をわかりやすくお伝えしていきます。

自分を見つめて、本当の自分を大切にしてあげることで、今ある愛、お金、人間関係、人生全般における課題が解消していきます。

この本では、多くの方が抱える悩みについて、なぜ問題が起きるのか、どうすればいいのかを、それぞれ1章ごとに詳しく説明しています。

簡単なワークなどもたくさん盛り込んでいますから、ぜひ試してみて、少しずつ「あなたらしさ」を取り戻していきましょうね！

シンデレラのストーリーは、王子さまと結婚したところで終わっています。

その続きを想像しようとしても、なんとなく、お城で何不自由なくそのまま幸せに過ごしているのだろうという簡単なイメージを思い浮かべるくらいでしょう。


でも、もしシンデレラが本当の自分を見つめてみたら？

ずっと溜め込んできたガマンを解放して「本当の自分」に出会えたら？

もしかしたら王子さまとは離婚して別の人を探すかもしれないし、自分のやりたいことを見つけて、お城を飛び出して、街に出てお店を開くかもしれない。

あらゆる可能性が想像できるようになるのです。


そのほうが、一般的に考えられている「幸せ」よりも、もっとずっとシンデレラは「本当の自分」を生きてハッピーになれるんじゃないか？

私は本気でそう思っています。

ガマンを解放すれば人生は大きく変わる

私はこれまでに数多くの方の人生を好転させてきた経験から、誰でも「〝ガマン〟を解放すれば人生が大きく変わる」と確信しています。

私がこうお話しすると、多くの方は「え？　でも私、何もガマンなんてしていませんよ」とおっしゃいます。

「ガマン」というと、「痛みに耐える」「理不尽なことを言われてもじっとこらえる」などの状況をイメージするからでしょう。

でも、**ここで私が言う「ガマン」とは、肉体的、精神的な苦痛に耐えることではなく、本当の自分の気持ちや感情を抑えつけてしまうことです。**

過去の私のように、多くの方は、無意識のうちに自分の気持ちや感情を抑えています。

私は、何かうまくいかないことがあると、すべて「自分のせい」と自分を責めるのがあたりまえになっていたので、その状況が「ガマンしている」とか、「つらい」とかは、表面の意識では、まったく思ったことがありませんでした。なんなら自虐ネタも得意だったので、つらい目にあっても、「お、またみんなに笑ってもらえるネタができた！」くらいの気持ちだったのです。

でも、「人生を本気で変えたい」と思い、少しずつ本当の自分の気持ちや感情と向き合うようになったら、**明るく振る舞っていたけれど、本当は「悲しかった」「苦しかった」「つらかった」といった、心の奥底に押し込めていた気持ちがたくさん湧き出てきました。**

自分のこうした気持ちに向き合ったときは、ガマンばかりしていた自分に対して、「しんどかったね」という気持ちでいっぱいになりました。でも、**勇気**

を出して向き合ったことで、そこから「人生の大逆転」が始まったのです。

無意識の「ガマン」を続けていると、自分の「ありのままの姿」が見えなくなります。そして自分らしさからはどんどん遠ざかり、さらには「**世間の常識が自分の常識」になり、世間一般の考え方というモノサシと自分の考え方というモノサシが「同じ」という勘違い**が起こります。

世間や親が言っていることがあたりまえ。

自分の考えなんて横に置いて（だって自己主張とか嫌われるし、どうせ間違っているし、変わり者と思われたくないし）、世間や親の考えや常識に無意識に合わせる人生。

それが正解（だって波風立てたくないし、いい人に見られたいし）。

でも！　もしあなたが、「**今の人生になんらかの不満や問題がある」「今のままではなく違う人生を送りたい」と少しでも感じているのであれば、どこかで**

必ず「ガマン」をしているはずです。

もしかしたらシンデレラも、継母や義姉たちにいじめられたときに、自分の感情を抑えてつらくないフリをして耐えていたのかもしれません。

そんな「ガマン」を手放して、今までのつらかった人生を大逆転させる具体的なやり方を、次から一気に紹介していきますね！

用意はいいですか？　ここから生まれ変わっていきますよ！

ヒャッホー!!

第1章

「白馬の王子さま」と結婚したらさらに不幸になった!?

～理想を解放し、愛を手に入れる～

ダメンズばかりと出会うのはなぜ？

「はじめに」でも少しお話をしましたが、**27歳で結婚するまでの私は、出会う彼がみんなダメンズ**でした。

友達からは、「モラハラ製造マシーン」「ダメンズメーカー」「ストーカーメーカー」と呼ばれていたほどです。

その頃の私は全然モテないのに毎週合コンに参加して、新たな男性との出会いを求めていました。

「今度こそ！」「きっとこの人はこれまでのダメンズとは違うはず！」「私を大切にしてくれるであろう」と思う人と出会っても、付き合いが深まるにつれて、相手はことごとくストーカーやＤＶ男に変わっていきました……当時は相当な「トホホガール」でした。

相手が繰り返し浮気をするというのも、その頃お付き合いしていた方の特徴でした。


あるとき、当時の彼とデートをしていた日。

彼が、「夜は仕事になったから」と言うので、私はその日の夜は友人とカラオケに行きました。カラオケボックスに行くと、なぜか私の友達が、「早く入って！」とカラオケボックスの中に私を押し込もうとしてきます。

私が、「え⁉　なんでよ〜」と、ふと外を見たら、「仕事に行っているはず」の彼が別の女性とカラオケに来ていた、なんてこともありました。


男女の関係やパートナーシップで最も多い悩みの1つが、**理想の相手にめぐり会えない**ということ。

当時の私と同じように、「次こそは！」と思っても、いつも同じような（ダメな）相手と付き合ってしまう、というものです。

そして、そんな相手に怒りを感じながらも、以前の私のように「私に気を許してくれているからだよね？」とか、「この人は私がいないとダメだから……」と、本当の気持ちを抑えてガマンしている人は少なくないんです。

この第1章では、「理想」を抱いてしまうがゆえに生まれるパートナーシップでのつらく悲しい「ガマン」について、そしてどうやったらこのガマンを解放して、相手との関係をうまくいかせることができるのかについて、お話ししていきますね！

実はパートナーとの関係を築くとき、根底に横たわる1つの真実があります。それは、**付き合う相手やダンナさんが「あなたをどう扱うか」**は、「**あなたがあなた自身のことをどう扱っているか**」**を映し出している**ということです。つまり、あなたが自分自身に対してガマンを強いていれば、パートナーもあなたにガマンを強いてきます。

あなたが理想的な扱いを自分自身にしてあげれば、パートナーもあなたに理想的な扱いをしてくれるということです。


これって、めっちゃ衝撃的ですよね。

私も最初に聞いたときは、「そんなことあり得ない！」と思いました（泣）。

でも、これ、本当のことなんです。

ただ、突然こう言われても、すぐには納得できないかもしれません。

「私が丁寧に扱われない理由が私のせいだなんて、そんなはずない！」

「ウソをついたり浮気をしたりしているのは、私じゃなくて、アイツでしょ。悪いのはアイツ！」

そう思うのもムリはありません。

わかります……わかりますとも……。


私だって、ずっとひどい扱いをされた相手が、「だらしない」「人の気持ちを踏みにじる」やつだ！　ひどいやつに捕まった！　と思っていました。

そして、だからこそ、**相手を変えれば幸せになれる**と心の底から信じていました。それでも、**別の相手と付き合っても繰り返し同じことが起こる。**

これは、次にお話をする潜在意識の仕組みからすれば当然のことなのです。

人生を変えるために知っておくべき仕組み③

9割の無意識（潜在意識）が現実を作る

量子力学という理論を解釈したものの1つに、「意識が現実を作る」という考えがあります。

もしかしたら皆さんの中には、「思考は現実になる」「思っていることが引き寄せられる」などと言われているのを耳にしたことがある方もいらっしゃるかもしれません。

この場合の「思考」や「思っていること」とは、「王子さまと結婚したい〜」「お金持ちになりたい〜」のように、表面の意識（顕在意識）で考えているこ

顕在意識と潜在意識

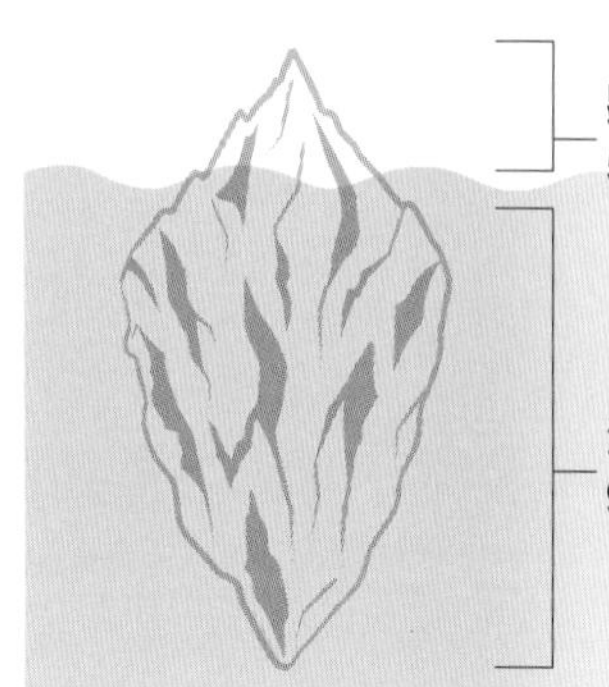

顕在意識
5〜10%
普段「考えていること」「思っていること」など、意識し自覚している思いや観念、感情のこと

潜在意識
90〜95%
普段は意識することのない無意識にある思いや観念、感情のこと

無意識にある「潜在意識」は、普段意識する「顕在意識」よりも、はるかに大きな働きをしている

とではありません。

普段は意識することのない、無意識（潜在意識）にある思いや観念、そして感情が現実化するということです。

顕在意識と潜在意識は、１：９の割合で働いていると言われています。

つまり、ほとんど自分では意識することのない潜在意識が、現実を作り出しているのです。

すべて無意識が現実化されているのです！

あなたは無意識のうちに、自分のことを嫌っていませんか？

何かが起こるたびに、自分を責めていませんか？

「私って、なんてダメなんだろう」と、自己否定を繰り返していませんか？

今ではこういったことを本書の中でご紹介している私でも、過去の私は長い間自分を責めて、自己否定してばかりいました。


「私のまま」でいるのがイヤで、自分ではないほかの誰かになろうとしていました。自分を責め、否定し続けてきた私の潜在意識は、そんな私の意識をそのまま現実化し、相手からも責められたり、否定されたりする状況を、**繰り返し再現していた**のです。


「DVされても当然。だって私がダメダメだから」

「やっぱり私じゃ満足できなくて浮気するよね」

という思いが潜在意識に入っていたから、いくら相手を替えても、同じようなダメンズばかりが現れたということです。

これが、**「パートナーがあなたのことをどう扱うかは、あなたが自分自身のことをどう扱うかで決まる」**ということなのです。

結婚したら「王子さま」の態度が悪くなった!?
「召使いマインド」チェック

よく相談で、

「旦那が嫌い」「離婚したい」

という言葉をお聞きします。

大好きだったはずの「理想の王子さま」と結婚したと思ったのに、結婚したら相手の態度がガラッと変わった。

これもよく聞くお悩みの1つです。

結婚前は優しくて思いやりがあった。デートしていても会話がはずみ、「この人と結婚して、こんな生活が続くなら……」と、結婚を決意した。

なのに、結婚したら相手の態度がガラリと変わった。

家事や育児はまったく手伝ってくれず、家庭内での分担には関心がない。それなのに、いたわりの言葉もなく、「ご飯、まだ？」「お風呂やってないの？」などの必要最低限の言葉しか出てこなくなる現実。


最初は悲しみだった感情が、モヤモヤと不満や怒りに変わっている方をたくさん見てきました。

残念ながらこれも、潜在意識の仕組みから見ると至極当然のことだと言えます。どういうことかというと、繰り返しダメンズと付き合っていたときの私と同じように、**無意識のうちに自分から召使いのような振る舞いをしてしまう、「召使いマインド」**を抱えているからなのです。

ここで、あなたは「え!?　召使いマインド？」「私は、そんなマインド、持っていませーん！」と思ったかもしれませんね。

もちろん、自分のことを相手の「召使い」だと、顕在意識で思っている人はいないと思います。でも詳しく話を聞いていくと、こんなふうに、自分から「召使い」になっている人が少なくない（泣）。

例えばダンナさんに「家事、手伝ってほしい」と思いながらも、「手伝って」と頼めずに、結局自分で全部やっている。

「やってほしいけど、ダンナにやらせても、ヘタクソだから……」

「結局あとでやり直しすることになるから……」

などと理由を見つけて、ブツブツ言いながらも自分でやってしまう。

そうして、不満を溜めてガマンを重ねているから、潜在意識は、次々とまた「ガマンをしなければならない」「黙って家事をする召使いのような」現実を作り出すのです。でも、例えばあなたが自分を本気で「**私はお姫さまのように大切に扱われることがあたりまえ**」だと思う「**プリンセスマインド**」を持っていたら、どうでしょう。

「そんな〝マインド〟くらいで、相手は変わらないわ！」と思いますか？

しかし、私は「マインドコーチ」として、たくさんの相談に乗ってきた経験から、**女性のマインドが変わったことで、男性の態度がびっくりするくらい激変する**例を、数多く見てきました。

あなたのマインドが「召使いマインド」から「プリンセスマインド」に変わることで、パートナーとの関係は、驚くほど改善します！

「プリンセスマインド」がどういうものか、ここで詳しく説明するより、わかりやすい例があります。

例えば、叶(かのう)姉妹のうちの1人、叶恭子さんを想像してみてください。

誰がどう見ても彼女は間違いなく「召使いマインド」ではなく、「プリンセスマインド」を持っていると考えられますよね。

もし、叶恭子さんが結婚したとして、ダンナさんは彼女に向かって「オレのメシ、まだ?」「ちょっと、そこ雑巾がけしておいて」なんて言うでしょうか。絶対に言わないでしょう（笑）。

恭子さんが行きたいお店に連れていったり、家事をまかせるサービスを頼んだりするのではないでしょうか。

自分では気づいていませんでしたが、私が最初に結婚したときは、私はまさに「召使いマインドど真ん中！」でした。

だから、家事や子育てをしながらも、朝から晩まで働いて、夫が作った借金をせっせと返済していたのです。

これを読んだあなたも、自分のマインドが「召使いマインド」になっていないか、よくチェックしてみましょう。

自分の願望は見て見ぬふりをして無意識に人の願望を叶えようとしているかどうかが重要な判断軸です。

人の願望のほうを優先していたら「召使いマインド」の可能性があります。

怒りや悲しみの感情は潜在意識に直結している

結婚する前、結婚したあとにかかわらず、パートナーシップに課題がある方は、ほぼ全員が「自分の感情を抑える」のがあたりまえになっています。

それも、自分では気づかないうちに。

私のクライアントさんで、大人になってからあらゆることにガマンし続けて「20年間、一度も怒ったことがない」真由美さんという女性がいます。

お姑(しゅうとめ)さんに意地悪を言われても、じっとガマン。夫が自分をないがしろにしても、子どもがワガママを言っても、ひたすらガマン。

そうして「ありのままの自分」ではなく、「いいお嫁さん」「いい奥さん」「いいお母さん」という役割で生きていたのです。

真由美さんは不満や怒りなどの感情をムリやり抑え込むうちに、「ガマンしている」という自覚すらなくなっていきました。

やがて少しずつ体調が悪くなり、人生全般に希望を失って「もう自分はどうしたらいいかわからない」と相談に来られたのです。

長期的に不満や怒り、そして悲しみなどの感情を抑え込んでいるとよくない点が2つあります。

最もよくない点は、**モヤモヤした行き場のない感情は、潜在意識にダイレクトに働きかける**ということ。

実は私たちの感情は、潜在意識と強力に結びついています。

特に東洋医学では、感情と内臓は密接に結びついていると言われていて、「怒りのあまり、心臓がドキドキする」「悲しくて、胸が引き裂かれそうになった」

のような、感情と感覚が結びついた「身体感覚」は、潜在意識に直結しているという考えがあります。

このとき、自分では「怒ってない」「イライラしていない」と思っていても、**症状が体感に現れていれば、その症状を引き起こした感情は、潜在意識に送り込まれる**のです。

例えば「怒り」は、内臓、特に胃に強く影響すると言われています。

「消化が悪い」「胃がもたれる」「胃が痛い」など、胃になんらかの症状が現れている方は、なんらかのガマンをしているなどが原因の怒りが溜まっていると考えられるのです。実際に日本語には、「腹が立つ」など怒りとお腹が関係することを表す表現が多くありますね。

また、自律神経と関係の深い腸には「不安」が作用すると言われていて、いつも不安を抱えている方は、「下痢」や「便秘」になりやすいそうです。

そして、そんな身体の状態をほったらかしにしてしまうと、無意識のうちに、「怒っている」「不安を抱えている」といった感情は身体感覚によって強められ、潜在意識に伝わってしまうのです。

そして、怒りや悲しみ、不安といった感情を無意識にガマンしているとどうなるか。**潜在意識には、繰り返し起こる感情や考えなどを現実に再現する、という仕組みがあります。**

つまり、怒ったり、悲しんだり、不安になったりする状況と同じような状況を自らまた作り出すという、負のループに入り込んでしまうのです。

怒りを抱く方は、また怒りを抱く状況を自ら作り出してしまうのです。

これが、感情を抑えることのマイナス面、2つ目です。

ではなぜ、怒りや悲しみといったネガティブな感情を抑えると、パートナーシップに問題が出るのだと思いますか?

もちろん、ガマンを重ねることで職場の人間関係が悪くなったり、ママ友とうまくいかなくなったりするなど、別の問題を引き起こすこともあります。

でも、たいていの場合、身近にいる夫や家族などが最も大きく影響を受けるので、パートナーシップのトラブルとして起こりやすいのです。

多くの方はネガティブな感情で愛にフタをしている

心理学では一般的に、私たちの心は次の図のような構造になっていると言われています。

誰でも生まれながらに自分への愛やまわりへの愛などの「愛」を持っています。心の根底には「愛」があるのです。生まれたばかりの赤ちゃんには、「愛」しかありません。

赤ちゃんは「愛」を持って笑い、愛を持って「お腹が空いた」「もう眠い」「もっと構って」などと訴えますね。

そして、その「愛」に応えるように、まわりも愛を持って接します。そうし

心の構造

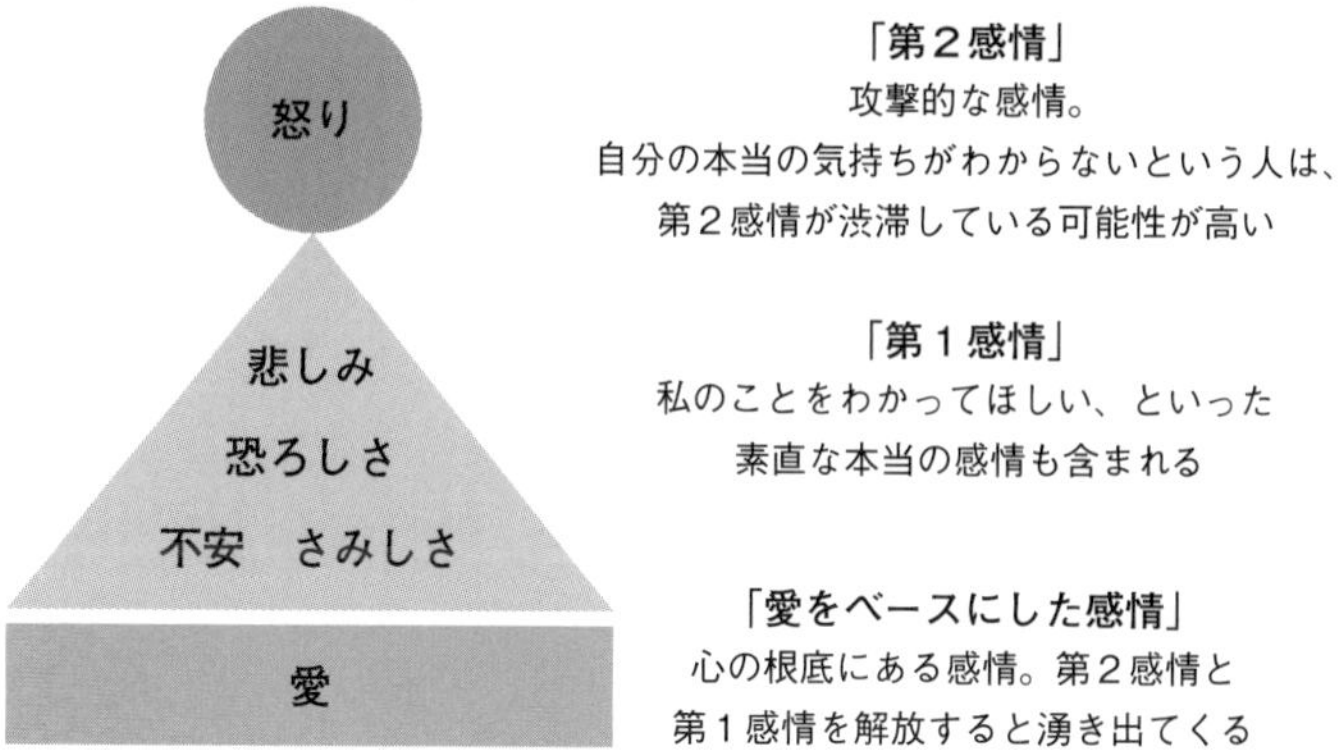

怒り

悲しみ
恐ろしさ
不安　さみしさ

愛

「第2感情」
攻撃的な感情。
自分の本当の気持ちがわからないという人は、
第2感情が渋滞している可能性が高い

「第1感情」
私のことをわかってほしい、といった
素直な本当の感情も含まれる

「愛をベースにした感情」
心の根底にある感情。第2感情と
第1感情を解放すると湧き出てくる

心の根底にある「愛」は、
第1感情、第2感情を解放すると出現しやすくなる

て赤ちゃんは、自分の持つ感情を、まわりに受け止めてもらっています。感情の受け皿がある、ということです。

一方で、「愛を出してはいけない」という経験と、ガマンすることで生まれる怒りや悲しみがモヤモヤと漂って、愛にかぶさるフタが分厚くなっていくと、「愛」の感情が見えにくくなります。

そうして、「愛」がなかなか外に出ることができなくなるのです。

そうなると人はどうなるかというと、本来持っていた「愛」から生まれる態度や発言を控えるようになり、その代わりに怒りを前面に押し出すことになり、パートナーシップがギクシャクしやすくなってしまうのです。

心理学では、怒りは「第2感情」と呼ばれます。そして、その奥にある「第1感情」を見つけることで、怒りは落ち着くと言われています。

例えば、「夫が家のことを何も手伝ってくれない」「なんで私ばかり……」と怒るのは、実は、第2感情です。

夫に不満を持つ多くのクライアントさんは、怒りの奥にある「1人でさみしい」「本当は一緒にいたい」など第1感情である本当の気持ちを見つめずに、第2感情である「怒り」で、相手に接します。

「怒り」とともに発した言葉に対しては、相手も「怒り」で返してきます。

「何言ってくるんだよ！　オレは疲れて帰ってきてるのに……」とケンカを繰り返し、どんどん関係が悪化してしまうのです。

つらいし、大変ですが、よ〜く自分の気持ちを見つめてもらうと、ほとんどの方は、怒りの奥に「もっと優しくしてほしい」「仲良くしたい」「愛してほしい」などの第1感情があることがわかります。
「な〜んだ、私は、本当は寂しかったんだ」と、本当の気持ちがわかれば、怒りは落ち着くはずです。

また、相手の言動などに対する「今の怒り」だけでなく、これまでに溜め込んできた「過去の怒り」を解放してあげることで、誰もが、心の奥底に持つ愛が外に出やすくなるのです。

知らずに溜まった「怒り」を爆発させる!
「怒り解放ワーク」

怒りを落ち着けるためには、怒りの奥にある本当の気持ちを見ること。

でも、ムカ～ッとして怒りにとらわれてしまうと、それどころではなくなるのもわかります。私も過去は怒りをギャースカピーとぶちまけ、物事をこじらせる天才でした（汗）。


でも、そんなときに試してみてほしいワークがあります！

これは、気づかないうちに溜まってしまった怒りを、上手に発散する方法です。このワークをお伝えすると、ほとんどの方が同じことを言います。

「そんなこと言っていいんですか？」と（笑）。

そのくらいに常識外れのワークとなっております。

STEP1　1分間、怒りを爆発させる

このワークは誰もいない、できれば大声を出せる場所で行うことをオススメしています。

身体を使って怒りを爆発させる。とことん解放させるのです。

そのために「タオルを叩きつける」ことを推奨しています。

タオルがなければ、おもちゃをほしがる子どものように、ジタバタと手足を思いっきり動かしてもいいでしょう。頭を布団につっこんで、グーにした手で布団を思いっきり叩いてもオッケー。

トイレや個室でジタバタするだけでも効果はあります。


用意するのは、タオル1枚。

腹が立ったことを思い出し、相手の顔を頭に浮かべながら、タオルを「バシッ」と、壊れたり傷になったりしない場所に叩きつけます！

パートナーの言動に対してでも、職場の同僚や上司の態度に対してでも、怒りを発散する対象は誰でも構いません。タオルを叩きつけるのは、ソファやベッドなど、やわらかい家具がいいでしょう。

モノに叩きつけるのが好きでない人は、クッションをボカボカ殴る、頭から布団をかぶってこぶしで布団を叩く、横になって手足をバタバタさせるなどでも構いません。

目的は「身体を使って感情を解放させる」ことなので、誰にも見られないところで、思いっきり怒りを発散させてください。

そのときは、「バカヤロウ！」「ふざけんな！」「偉そうにしやがって」など、「どんなに口汚い言葉を発してもよし」と自分に許可しましょう。

言葉が出てこなくても大丈夫。

「わあ〜っ!!!」「ぎゃあ〜」でもいいのです。

カラオケで思いっきり歌ったり、スポーツ観戦で大声を出したりして応援すると、スッキリしますよね。それと同じ原理です。

声に出すと発散しやすいので、叫んでみるといいでしょう。

家族や近所の手前、声が出せないときは、「エア」で叫びます。

「ハー！」と口を大きく開けて、声を出さずに叫ぶ感覚です。

時間は1分間。短いように思えるかもしれませんが、実際にやってみると、かなり発散できてスッキリします。

STEP2　1分間、身体の感覚を感じる

1分間思い切って怒りを吐き出したら、次がとても大切なステップです。

次は、**怒りを感じたとき、自分の身体がどんな状態だったかを思い出して、身体感し直す**のです。

例えばパートナーの言動から浮気を疑い、イライラして心臓がドキドキしていたのであれば、心拍数が上がったときの状態を思い出して感じ直してみます。また、もし同僚の前で上司に注意されて息苦しくなったのであれば、その息苦しさを、もう一度感じてみます。

みぞおちが重くなったのなら、その重さを。心臓をつかまれたような気がしたのであれば、つかまれた心臓の感覚を思い出す。

この身体の感覚を1分間、体感してみてください。

どうしてわざわざそんなイヤな感覚をもう一度、感じなければならないのでしょう。それは、「怒り」を含めて**人間が感じる喜怒哀楽の感情は、〝感じきる〟ことで心から外に放出されてなくなる**からです。

例えば、かわいがっていたペットが亡くなったとき、胸が引き裂かれるような思いがしますよね。この痛みを長らく引きずり続けてしまう方もいます。けれどこのときもし3日間、泣き続けることができたら、そのあとで思い出したときに、「悲しいな」「さみしい」という気持ちはあったとしても、当時と同じくらい強烈な「胸が引き裂かれる」身体感覚は和らいでいるはずです。

同じように、思い出して感じきることができれば、「頭に来た」「怒っていた」という事実そのものを思い出すことはあっても、その瞬間と同じくらいに強烈な身体感覚を抱くことはなくなります。

それが「**感情を感じきった**」ということなのです。

ただ、慣れないと、身体の感覚をよみがえらせるのは難しいかもしれません。そんなときは、ムリして感じ取ろうとしなくても大丈夫。ゴロンと横になり、ボーッと心と身体を休めるだけでもオッケーです！

STEP3　1分間、自分を褒める

最後に、ワークをやった自分を1分間、「よく頑張った！」「よくやったね」と、褒めてあげましょう！

1分が長いと感じたら、「自分と向き合って偉かったね」「自分のために時間を作れて、すばらしい」「今日は、自分にエネルギーを使えたね」など、**ワークを実践した自分を、具体的に褒めてあげてください。**

タオルを叩きつけたり、クッションをボカボカ殴ったりするのは「モノに対して申し訳ない」と思う方もいます。

もし、そうであれば、「私のためにありがとう！」と、怒りの発散をサポートしてくれたグッズをかわいがる時間にしてもいいでしょう。

「おかげで、怒りが発散できたよ」「付き合ってくれて、ありがとう」などとお礼をするのでもいいですね。

私のクライアントさんに、「母親と昔から折り合いが悪くて、実家に帰るのが憂うつ」と相談されたとき、私は、この「怒り解放ワーク」を毎日やってくださいと提案しました。

実家に帰るまでの1週間、母に対する怒りを毎日発散していたこの女性は、「生まれて初めて母からイヤミを言われずにすみました！」「帰るとき、初めて母が私のことを玄関まで見送ってくれたんですよ」と報告してくれました。

もしもシンデレラが毎日握りしめていた雑巾を手放し、タオルをブンブン振り回してこのワークをやったとしたら……。

少しずつ「プリンセスマインド」を手に入れて、王子さまから見初められるのを受け身で待つだけではなく、自分から幸せを切り拓くプリンセスになると私は思っています。

怒りはガマンしなくていい！

近年では「アンガーマネジメント（怒りの管理方法）」が話題になるなど、「**怒りを外に出さない」のがいいこと**だと考えられる風潮があります。

「怒る人はわがまま」「すぐ怒るのは子どもっぽい」などの観念から、親に「怒っちゃダメ」「怒るのは恥ずかしい」と言われて育った方も多いでしょう。

先にお話しした「20年間怒ったことがない」真由美さんは、私がこのワークを提案したとき、「怒れません……」「どうやったらいいか、わかりません」と言っていたほどです。

私が「とにかく、〝わ〜っ〟でも、〝ギャーッ〟でもいいから、声に出して、発散してみてください」と言うと、3日ほど経って「やっと少しずつ、できるようになりました」と連絡をくださいました。

「わー!」「ぎゃー!」と叫ぶのはとても効果的です!

なぜなら**叫んでいるとき、人は「無」になりやすい**からです。

頭を空っぽに……などと瞑想(めいそう)などではよく言われますが、実際は頭を空にすることは現代人にとってとても難しいことです。瞑想しているときでも何かしら考えてしまう……という方がほとんどですから。

でも、叫んでいるときの頭は「空」に近い状態になっています。

空に近い状態になると「潜在意識」につながりやすくなります。

そして、**潜在意識につながると、忘れていた過去のできごとや感情が飛び出**

してくることがあります。

ここで飛び出してきた感情があなたの本当の感情。

「もっと愛されたい」という感情であれば、「もっと愛されたい」という感情があなたに巻き起こるあらゆる現実を引き起こしていると考えてみてください。潜在意識につながりやすくなれば、現実に起こるあらゆる問題の解決も早くなっていきますよ。

ほとんどの方が「怒るのはよくない」と思い、知らず知らずのうちに怒りを溜め込んでいます。けれど怒りを吐き出すと、心が変わり、現実が少しずつ変わっていくのを実感できるはずです。

だからこそ私はここで、「怒りはガマンしなくていい！」と力強く言いたい！

人間が持つ感情は、喜びや楽しさなどポジティブなものだけがよくて、怒りや悲しみなどの、一見するとネガティブに思えるものはよくないとされがちです。

でもどれも、**私たちの大切な感情です。怒りや悲しみも、フタをして閉じ込めることなく、感じきってあげてほしい**のです。

感情を感じきらずに、特に「怒りや悲しみ」を溜め込んでしまうと、先ほどご説明したように潜在意識に繰り返し伝わり、潜在意識が同じような現実を繰り返し引き起こそうとするからです。

もちろん、ムカッとしたら腹が立った相手に向かって怒鳴り散らすのがいいと言っているわけではありません。特に、身近にいるパートナーとの間では、怒りの応酬にならないようにしたいものです。

だから、イラッとしたら1人になってタオルを振り回す、クッションを叩くなどして、なるべく早めに感じきって心から吐き出すのです。

「愛」の上に漂うモヤモヤとした怒りは、そうして吐き出してあげることで、少しずつ減っていきます。

すると、過去に蓄積していた怒りも、芋づる式に出てきやすくなるのです。

今日、ダンナに腹が立って、30秒発散したら少し気持ちが落ち着いた。
そうしたら、過去に頭に来た、別のことや、別の相手を思い出して、ついでに吐き出してみる。

さらに、このワークのSTEP3のように、怒りを感じきり、最後に「自分褒め」をプラスすると、ワークの効果が加速していきます。

王子も大変な経験をしてきたのかも……？

これは、「怒り解放ワーク」を日々行ってくださったクライアントの恵子さんのお話です。

恵子さんとダンナさんは、大きな争いはないものの、日々、小さないざこざや行き違いがあり、長年、関係がギクシャクしていました。

ダンナさんは家にいない時間が増え、生活費もあまり入れてくれない状況だったのです。恵子さんは、半ば「夫はこういう人なんだ……」とあきらめて、このまま一生を終えるのかと暗い気持ちで過ごしていたそうです。

恵子さんが「怒り解放ワーク」を始めて3週間後、また、ちょっとしたことで口ゲンカになります。

いつもなら、「どうしていつもそうなのよ!」「お前こそ、なんで文句ばっかり……」などと、すぐにお互いに言い争いに発展していました。

恵子さんは、ケンカするたびに仲が険悪になっていくので、そのうち「離婚しよう」と言い出されるのではないかと思っていたそうです。

ところがこのときはなぜか恵子さんの心に、「本当は仲良くしたい」という気持ちが浮かびます。

恵子さんは、「怒り解放ワーク」で心の中の怒りが減ったことで、**「愛」がベースになった自分の本当の気持ち**が見えてきていました。

だからこそ恵子さんは、素直に「本当は仲良くしたいんだよね……」と口にすることができたのです。

すると、ダンナさんからも、「いや、実はオレも、ずっとそう思っていた」「お前と、歳を取っても手をつないで一緒に歩いているような、一生信頼し合える夫婦になりたいと思っていたけど……言えなかった。このままの関係でも仕方がないとあきらめていたんだ」という言葉が返ってきたそうです。

「怒り解放ワーク」を続けてきて、恵子さんから「愛」を持って接するようになったために、ダンナさんからも「愛」が返ってくるようになったのでしょう。

さらにダンナさんは、これまで家にあまりお金を入れてこなかったことを謝り、自分で買っていた株のお金が200万円あるから「好きに使っていいよ」と言ってくれたそうです。恵子さんは、「結婚して25年、人生で今が一番ラブラブ♡」とも言っています。

私も最初の結婚までは、自分のことを「ダメンズメーカー」「モラハラ製造マシーン」などと呼び、飲み会などでは自虐ネタを繰り返して笑いをとろうとしていました。だから、**その考えが潜在意識にしっかりと入り込んでしまった**のだと思っています。その通りの男性とばかり付き合っていましたから。

私はその後、自分で自分を卑下するのをやめ、私を大切にしてくれる夫と2回目の結婚をします。私が「怒り解放ワーク」を行うようになったのは、2度目の結婚をしてから5年以上も経った頃。

すると、私たちにどんな変化が起こったのかを、お話ししますね！

私の夫は結婚当時、「Ｔｈｅ！　昭和！」という感じの「オレは男だ」タイプでした。その頃、家事はほぼ私の役割でした。

でも、私も仕事をしていたので「手伝ってほしい」と夫に伝えました。

そのときの夫は、「仕方がないからやる」という感覚だったと思います。

ある日、私が洗濯物を畳んでほしいと頼んだとき、夫は、

「オレ、こういうのやったことないから！　ホラ！　できないでしょ」と洗濯物をぐちゃぐちゃに畳んで、これ見よがしに私に見せました。

洗い物を頼んでも洗った食器は油が残っていて、それを「まだ油残ってるよ」と伝えたら、「もう二度とやらない」と怒ってしまいました。

きっと私の言い方も悪く、イライラした言い方になってしまっていたのだと思います。夫に家事を手伝ってほしいけど、あきらめようと何度も思いました。

でも、この「怒り解放ワーク」を何度もしていくうちに、「夫なりに一生懸命やろうとしてくれていた」ということに気づいたのです。


そこから少しずつ、私はそれまでの「怒りベース」ではなく、「愛ベース」の伝え方に変えていくようにしました。

そして今では、お風呂掃除、洗濯物の片付け、お料理、後片付け、ゴミ出し、掃除、買い物、犬の世話など……家事のほとんどを夫が進んでやってくれるようになりました。予想外の展開です（笑）。

「怒り解放ワーク」を続けていると、潜在意識に入り込んでしまった憎しみや悲しみが心から解放されていきます。

そうすることで、自分の本当の気持ちが見えてきます。すると、**愛を持った言葉を自然に発することができるようになっていきます。**

そうなれば、恵子さんや私の例のように、**ムリに「相手を変えよう！」としなくても、自然と相手の態度が変わっていきます。**

それまでは「外ヅラだけよくって、全然、大事にされない……」と、不満ばかりの関係だったとしても、もしかしたら急に、ずっとほしかったアクセサリーを買ってくれたり、急に優しい言葉をかけてくれたり、「たまにはゆっくりすれば？」と家事代行を勧めてくれたりと、思ってもみない変化が起こるかもしれません。それほどまでにパートナーとの関係に大きな影響を及ぼすのが、「怒りを解放」することなのです。

第2章

倹約を頑張りすぎると金運低下!?

~欲望を解放し、不足から満足へ変わる~

誰もが親や世間から受け継いでいる「お金のガマン」

多くの方が強い関心を持つ「お金」。
お金があったらもっと幸せになれると思っている。
本当はお金がほしいし、お金が大好き。
そのはずなのに、お金の「ガマン」をしている方のなんと多いこと！

私のところに相談に来られる方の多くは、パートナーとの関係と同じくらい「お金」の課題を抱えています。
「ダンナさんの収入が低い」「家にあまりお金を入れてくれない」「貯金ができない」「将来のお金が心配」など、パートナーとお金の両方の問題が重なる方も少なくありません。

第2章

倹約を頑張りすぎると金運低下!?
〜欲望を解放し、不足から満足へ変わる〜

それほど、**お金に対する悩みは広くて深い**んです！

だからこそ、お金を十分に手に入れられるようになると、ほかのトラブルも解消していくことが多いのです。

第2章では、お金の「ガマン」はなぜ起こるのか、そしてどうやって解消していけばいいのかをお話ししていきますね！

お金に悩む多くの方の話を聞くと、99％の方がお金に対して、無意識の「ガマン」があたりまえになっています。

でも、それもムリはありません。なぜなら、日本人であればほとんどの人が、幼い頃から繰り返し、親やまわりの人たちに、

「ウチは、そんなお金はないんだから、ガマンして！」

「ほしいもの全部は買えないよ、ガマンしなさい」

などと、「**お金に対してガマンする**」よう言われてきたからです。

私も幼い頃から、「〝金のなる木〟なんかないよ！」「ラクに稼げるなんて、大間違い」などと日々親から言われ、「ガマンは美徳」だと言い聞かされてい

ました。親から同じように言われて育った方は、どの世代でも多いはずです。

また、**親は、たとえお金があったとしても、「お金がなくて大変」「お給料だけじゃ足りないよ」などと、お金が足りないことをアピールしがち**です。

もちろん親に悪気はなく、「お金を大切にしてほしい」「子どもがムダ遣いするように育ってほしくない」という気持ちからそう言うのだと思います。

私も、以前は子どもたちに同じように接していました。

子どもにはそう伝えるのがあたりまえだと勘違いしていたからです。

私たちの「お金」の意識に影響を与えるのは、親の言動だけではありません。

テレビドラマやマンガなどのメディアでは、お金持ちは悪いことをして稼ぎ、嫌われたり、最後には殺されたりします。

子どもの頃に見たマンガやドラマで主人公をいじめるのはたいてい、お金持ちのいじわるな息子や娘でしたよね。

こうして「お金＝悪」といったネガティブなイメージが、知らず知らずのうちに、私たちの潜在意識に刷り込まれています。

だからこそ、多くの方の潜在意識は、「お金はほしがらずにガマンする」「お金を稼ぐのはよくないこと→だから稼がない」という現実を実現してしまっているのです。

不幸を加速させてしまう潜在意識の使い方!?

お金に限らず、私のところに相談に来られる多くの方は、「人生を変えたい」「願いを叶えたい」ともがいています。

でも、数多くの方の相談を受けていると、実はたくさんの方が、潜在意識に抱く願いをすでに叶えていると感じることが多々あります。

私の例でお話ししますね！

私が最初に結婚した夫は、８００万円の借金を抱えていたとお話ししました。これだけ聞くと、かなり不幸な結婚をしたと思われるかもしれません。

でもそれも、潜在意識の仕組みを知ったあとで振り返ると、**私の潜在意識が「稼がない人」をしっかり引き寄せていた**のではないかと考えられるのです。

私の父と母は昭和初期に生まれ、昭和に育った生粋(きっすい)の「昭和世代」です。

家族の中では父が一番偉く、お風呂に入るのも、ご飯を食べるのも、何をするにも父が優先でした。

なぜなら、父が稼いだお金で私たちが暮らしていたから。

一番イヤだったのは、家に1台しかないテレビのチャンネル権は絶対的に父が1位ということ。

私はドリフやピンク・レディーも観たいのに！　そう言っても、

「オレが観るんだ！　文句言うなんて１００年早い！」

と返されて、ドリフもピンク・レディーも却下されていました。

私は末っ子でしかも女子だったので、昭和ど真ん中の父からすると、家でのヒエラルキーは私が最下位でした。

父に対してちょっとでも不満を表したり、言うことに従わなかったりしたときは、「誰が稼いでいると思っているんだ!」と言うのが、父の決めゼリフ。

そう言われたら、黙って従わざるを得ません。

でも私は、そう言われていろいろなことをガマンするのがイヤでイヤでたまりませんでした。

だから**無意識のうちに、「誰が稼いでいると思っているんだ!」と言わない人、つまり稼がない人を引き寄せていた**のです。

また、私はよく親から、「働かざるもの食うべからず」と聞かされていました。さらに、「お金は苦労しないと稼げない」「ラクして稼げるほど世の中甘くない」といった考えを、知らず知らずのうちに潜在意識にインストールしていました。だから50歳近くになるまで、子育てしながら倒れるまで働いても、月収14万円の時代が長く続いたのでしょう。**潜在意識は、私の考えを素直にそのまま現実化してくれていた、**ということです。

でも、潜在意識の仕組みを知り、不幸になるためではなく、本当の願いを叶えるために活用するようになったら、人生はガラリと変わり、年収で言えば80倍以上にもなりました。

50歳近くまでわき役だった私にできたのだから、誰にでも同じことができるはずです。だから、たとえ今、あなたが何歳であったとしても、「もう遅いかも……」などと、あきらめないでください!!!

潜在意識を正しく使えば誰でも人生を大逆転させて、「自分が主役」の人生を歩むことができるのです。

「この程度の収入が身分相応」を変えたら月収が10倍に

「潜在意識を正しく活用すれば、誰でも望むお金を手にすることができる」

私がいくら、こうお伝えしても、

「お金を稼げるのは、一部の特別な人だけ」

「才能がなければ、お金は稼げない」

という考えに縛られている方は少なくありません。

でも、メジャーリーグで活躍する大谷翔平選手や、医師や弁護士などのように特別な才能や資格がなくても、**意識を変えるだけで、驚くほど簡単に、誰でも稼げるようになります。**

いい例が、私のもとで働いてくれている直子さんです。

直子さんは、真面目によく働き、私が事業を運営するために必要な事務的な仕事を一手に引き受けてくれている頼りがいのある女性です。

先日、直子さんと打ち合わせをしていたとき、彼女がふともらしたのが、「私、この程度の収入、この程度の人生で仕方ない、とずっと思っていました」という言葉です。

私の仕事以外にも彼女は株のトレードを行っていたのですが、株で得ていた収入は平均して月に5万円。そして彼女はその金額で満足していたそう。

背後には、「主婦だし、こんなもんだよね？」という考えがあったのだと言います。

実は彼女は、私が提供している「悩みを解消して、願いを叶えるため」の動画の編集も担当してくれています。

直子さんは本書でもお伝えしている内容に何度も何度も触れ、人の心や潜在意識の仕組みを知るにつれ、少しずつ、「誰でももっと稼げる！」「私ももっとお金を手にしていいんだ!」と考えるようになったそうです。

直子さんが自分に対して、「稼いでいい」と許可を与えて間もなく、なんと、株の収入が10倍の50万円になったのです!

しかもこれは、1回だけの〝まぐれ〟ではありません。彼女はコンスタントに、毎月、50万円以上稼げるようになったのです。

直子さんのダンナさんは、あと数年で定年退職をします。数ヶ月前までは、直子さんは「ダンナが定年退職したら、どうやって暮らしていこう……」と、将来に不安を抱えていました。ところが今では、「私が稼げばいいんだ、と思うようになりました」と言っています。

私はこの話を聞いて、「これまでは自分の可能性を否定していた直子さんが、自分で自分の可能性を許可するようになった」ことを本当に嬉しく思いました。そしてそれと同時に、「私も昔は、〝私なんてこの程度〟と考えていた時期が長かったな……」と過去の自分を思い出しました。

私が最初の夫と離婚し、一生懸命に心理学や脳科学、量子力学、そして潜在意識の仕組みなどについて学んでいた頃、なかなか大きな変化は現れませんでした。

だから私は、

「こんなことしていて、本当に意味あるの？」

「これって、才能ある人や特別な人だけに効果があるのではないかな」

と悶々（もんもん）として、ちょっとクサっていた時期がありました。

でも実はそれは、心の奥で最近までの直子さんと同じように、「私なんてポンコツだから、どうせこの程度。人生も収入もこの程度なんだろう」と思っていた意識がそのまま、潜在意識に届いて現実となっていたからだったのです。

その頃の私は、**潜在意識の仕組みを思いっきり「ネガティブ運用」**していました。そしてその「ネガティブ運用」は、幼い頃からの「癖」でした。

「どうせムリ」と思う潜在意識が、まさにその通りのネガティブな現実を作っていっていたのです。

そして、「どうせムリ」というマインドも、現状維持システム「ホメオスタシス」に引っ張られて、その停滞からぐずぐずと抜け出せず、どうにもこうにも望む方向には向かっていきませんでした。

それが今では、数年前までは考えられなかったほど、稼ぐことができています。先にお話ししたように、その頃の私の収入と比べれば、今の年収は80倍以上。

直子さんにも私にも、何か特別な才能があったわけではありません。

細々と株を買い続ける主婦だった直子さん、そして、ずっと月収14万円で身を粉にして働いてきた私は、50歳に近づいていていました。

願望を叶えるのに、「女性だから」「もう歳だから」「なんの才能もないから」

など、理由になりません！

「どうせ変わらない……」と、潜在意識に送り込むのか、それとも「直子さんやＹＵＫＯさんにできたなら、私でもできる！」と思うのか。

どうせなら、「直子さんやＹＵＫＯさんにできたなら、私でもできる！」と、潜在意識に伝えてほしい。

あなたの潜在意識はあなたに、「あきらめない！」と、言ってほしいと思っているはずです！

そう信じることから、人生は大きく変わっていくのです。

「子どもの好きなもの」ばかりを優先すると危険

お金の悩みを抱える方は、「自分のためにお金が使えない人」がとても多いと感じています。

第1章でもご紹介した「召使いマインド」がここでも影響して、自分よりも人のことを優先しすぎているのでしょう。

例えば、すごくステキなワンピースを見つけたとします。

このワンピースを着て、友人とランチに行く自分を想像したら、ウキウキする。でも、値段は2万円。た、高い……。

そう思うと同時に、自動的に、「これはもったいない……」と、1980円のトレーナーを手に取ってしまう。

子どもの塾や教育資金の費用には、30万円、50万円をポンと払うことができるのに、自分には、2万円のワンピースも買ってあげられない。

それはつまり、「自分は2万円のワンピースを買う価値がない」と潜在意識に伝えていることになります。それが、そのまま「1980円のトレーナーがふさわしい自分」として現実化されるのです。

実は、2万円のワンピースだけでなく、もっと値段が安い日々の食材の買い物などに対しても、皆さん、同じような行動をとりがちです。

「あ〜、今日は焼肉が食べたい！」と思っても、「鶏もも肉20％ＯＦＦ」のシールを見つけると、「唐揚げなら、子どもも好きだし、これでいっか……」とカゴに入れる。「生ハムが入ったサラダが食べたいな〜」と思っても、「いやいや、生ハム、値段のわりに量が少ないし、豚肉でカレーにしよう」と、メニューを変える。

そうしてお金に対する「ガマン」を重ねるうちに、自分が本当にほしいものや、本当の自分の気持ちが見えなくなってきます。

もちろん、節約をしないで、好きなものにお金を使いまくれと言っているわけではありません。

私も最初の夫と離婚して1人で子育てしているときは、スーパーに行くと、まず「見切り品」コーナーを見るのが日々の習慣でした。

お金を大切に扱うのは、とても尊いことです。

ただ、自分が本当は何がしたいのか、何がほしいのかを見失わないようにしてほしい。


その日々の積み重ねが、あなたの人生において「本当は何がしたいのか？」につながってくるのです。そしてときには、自分の本当にほしいものを手にする機会を与えてあげて、自分を大切に扱ってあげる。

そうやって豊かな気持ちになる時間を増やすことで、同じように豊かに感じる状況が、どんどん現実化されるのです。

実際にはほしいものが買えなくても、

「私はこれがほしい！」

と理解していることが何より大事なことなんです。

潜在意識を「プリンセスマインド」に書き換える！

潜在意識を書き換える方法は2つあります。

1つは、コツコツと新しい考えや思いを送り込むこと。

2つ目は、例えば、ケガや病気、親しかった人との別れなど、価値観が大きく変わるようなトラウマ級のショッキングなできごとに出会うことです。

ただ、2つ目のような、自分のこれまでの考えを変えざるを得ないほどの大きなできごとに出会うというのは、一生のうちでわずかな機会しかないでしょう。そのため、私たちが今すぐできて効果があるのが、1つ目の「コツコツと新しい考えや思いを送り込むこと」です。

ではここで、めちゃくちゃ簡単にできて、お金の課題に効果が高いワークをご紹介しましょう！

自分がお姫さまだったら？　を考える「プリンセスショッピング」

このワークは、「**自分がお姫さまだったら？**」**と考えて買い物をする**ワークです。特に、日々買い物をするスーパーやコンビニなどで実践すると、毎日行えるため、潜在意識に何度も新たな情報を送り込むいい機会になりますよ！

やり方は簡単♪

食材などを手に取るときに、「自分がお姫さまだったら、コレ買うか？」と考えてみるのです。

例えば、「今日は、牛肉の焼肉が食べたい！」と思ったら、「やっぱりお姫さまなら、霜降りだよね」と自分の食べたい牛肉を買う。

「お寿司が食べたい！」と思ったら、お寿司を買う。

もちろん、毎日でなく、週に1回、2回でも構いません。「**お姫さま**」になっ**たつもりで、自分のほしいもの、食べたいものを買ってあげましょう。**

私の場合、「お姫さまが、〝見切り品〟のしおれた野菜、買うか？」と思ったことが、見切り品を手にしないいいきっかけになりました（見切り品を買うことが悪いと思っているわけではありません。本当にほしいものが見切り品にあれば今でも躊躇せず買います。ただ、「安い」ということだけを理由にしないという意味です）。

また、どうしても「牛肉が食べたい！」と思っても、予算に限りがあるときは少量の牛肉スライスを買い、足りない分はシャケなどほかのおかずで補うといったこともやっていました。

ムリする必要はなく、少しでも、**部分的にでもいいから願望を叶えることを大切**にするのです。

コンビニでデザートを物色しているときも、いつもはお手頃な「ガリガリくん」しか買わないのに、たまにはハーゲンダッツを買ったりしていました。

しかも、付属のプラスチックのスプーンは使わず、家にあるオシャレなガラスの器に盛って、飾りのついたスプーンを使って食べてみることも。

ちょっとした贅沢(ぜいたく)でしたが、かなり優雅な気分に浸ることができました。

このワークで大事なことは、

「私ってこのくらいする価値がある!」

と自分に言ってあげること。


そう! あなたには牛肉を食べることや、ハーゲンダッツをおしゃれなガラスの器で食べることに値する人間なのです!

このワークは、遊び感覚でやってみると楽しいですし、知らず知らずのうちに「プリンセスマインド」が身についていきますよ。

頭で選ばずハートで探る「体感サーチ」

長い間「ガマン」を続けていると、「今晩のおかず」でさえ、自分が本当は何を食べたいのかわからない、という人がいます。

そんなときは**食べたいものを口に出してみる**、というワークを行ってみましょう。これは、頭ではなく心と体感を使って「ハートがほしいもの」を見つけるワークです。

私はこれを「**ハートでほしいものを見つける『体感サーチ』**」と呼んでいます。

「アジフライ」と言ってもピンとこない。
「ニラ玉」もちょっと違う気がする……。
「じゃあ、大トロの刺身！」

本当に食べたいものの名前を口に出したときには、「コレ！」という体感が

あるはずです。

最初のうちは「なんとなく、そんな気がする」でオッケー！

繰り返すうちに、「あっちが安い」とか「こっちのほうがお得」などと頭で、つまり顕在意識で考えた結果でなく、**ハート、つまり心がほしいと感じているものがわかるようになる**はずです。

「ハートがほしいものを買おう！」と言うと、女性はすぐに、ブランド物のアクセサリーやバッグなどが思い浮かぶようです。

でも、ちょっと立ち止まって考えてみてください。そのアクセサリーやバッグは、本当にあなた自身を喜ばせるものでしょうか。

私はまだ20代の頃、デザイナーズブランドの服をバーゲンで並んでまで購入していました。

でも、実は私は本当は、デニムにシャツなどのカジュアルな服が好き。そうしたフェミニンな服は、合コンなどで「女らしく見える」「男ウケがいい」という、他人の目を意識した下心満載の気持ちで選んでいただけだったのです。

「ほしいな」と思ったとき、それを身につけた自分がハッピーなのか、それとも、誰かほかの人に羨ましがられたり、褒められたりすることが目的なのかを自分の心に聞いてみてください。

「自分が惹かれる感情∨ブランド・物・肩書」ではなく、「ブランド・物・肩書∨自分が惹かれる感情」なのであれば、それは「ハートがほしいもの」ではありません。

本当に自分がほしいものが見つかるまで待ちましょう。

ハートが選んだ人はあなたの運をすべて引き上げる

先ほどは「ハートがほしいもの」を見つけるための方法をご紹介しました。

心は、自分に本当にぴったりくるもの、自分が本当にほしいものを教えるサインを出してくれるのです。

自分の心のサインに従えば、幸せに一直線につながっていきます。

そして、実はこれは、**ものだけではなく「人」にも同じことが言えます。**

私は「ハートが選んだ人」との出会いで、仕事運、金運、幸運……すべての運が一気に引き上げられました。

少し長くなりますが、私の経験談をお話しさせてください。

私の人生で最も強く「ハートが選んだ人」は、一生の師匠となった、心理カウンセラーｍａｓａさんです。

ｍａｓａさんは私の人生を大きく変えるきっかけとなった、恩人です。

私は40歳を過ぎてから、心理学や脳科学や量子力学、そして潜在意識の仕組みなどについて学び始めました。でも「人生を変えたい」という気持ちは強くあっても、なかなか大きな変化は現れませんでした。

とにかく一生懸命に働くことしかできず、ムリを重ねていたところ、体調を崩してしまいます。そして、職場での人間関係など、精神的にもつらいことが続き、仕事を辞めざるを得なくなってしまったのです。

体力も気力も尽き果てて、起き上がることもできずに、ベッドの中でＹｏｕＴｕｂｅを観るのが精一杯の日が続きました。そんなときに出会ったのが「心理カウンセラーｍａｓａ」さんの動画だったのです。

ｍａｓａさんの動画を見つけた瞬間、私はなぜか、「あ、この人に会いたい」「会って話をしたい！」と感じます。理由なんて、わかりません。ただ、「この人に会わなければ……」と感じて、ＳＮＳを通じてメールを送ったのです。**まさにハートが「この人に会いなさい」と教えてくれた**のです。

ところがｍａｓａさんからは、「今は、コンサル生の募集はしていません」という返事が来ます。私はなんとかして直接話をする方法を求めて、ｍａｓａさんが提供していた講座を購入します。そして、やっと初めて、オンラインで話をすることができたのです。

話をさせていただいた瞬間に、再び、なぜか私の心に「この人だ！」という気持ちが強く湧き上がります。そして、もっとこの人から学びたいと思い、ご縁が途切れないように、その後も講座を購入させていただきました。

ｍａｓａさんは、人生や心の仕組み、潜在意識についてなど、難しい話をわかりやすく言語化して伝えてくれます。

そうして話を聞くうちに、私がこれまで学んできたあらゆることが言葉として理解できるようになり、点と点がつながったのです！

「ありのままの自分」を引き出してくれる人を大切に！

「ハートが選んだ人」の特徴として、**その人といると自分がとても落ち着いて**

きたり、自分のことがどんどん好きになってきたりするということがあります。

「召使いマインド」は、他人の目ばかりを気にして、自分の本音をガマンしてまでも他人を優先させてしまうマインドのことだとお伝えしました。

「ハートが選んだ人」はその逆。その人といるだけで、ありのままの自分がどんどんあふれて、引き出される感覚があります。

そのような人と出会えたら、先ほど私の体験でお伝えしたように、絶対に離してはいけません！　食らいつくくらいの気持ちでアタックしましょう（笑）。


例えば、私がmasaさんに言われたことの中で最も衝撃的だったのが、「もっとふざけなさい」でした。

私は今、「おにぎり」のかぶりものをして、踊る姿をSNSで発信しています。でも、masaさんに「もっとふざけなさい」と言われる前は、本当の自分はふざけたいのに、「ふざけるのはよくないこと」だと思っていました。

私は子どもの頃から勉強よりも部活や学園祭などで張り切るタイプで、応援団長になって笛を吹いたり、踊ったりするのが大好きでした。ただ私の場合は、「明るくて積極的なタイプ」というよりは、いわゆるお調子者キャラ。そのために、お調子者のテンションが周りと馴染めず怒られたりすることがあり、そのたびに落ち込み、自己嫌悪になる……ということを繰り返していました。

とくに昭和世代の部活は、真面目に黙々と汗を流すのが王道です。私のように大声を出したり踊ったりすると、よく引っ叩かれて、「真面目にやれ!!」「またお前か！　何をしているんだ！」と、怒られました。

社会人になってからも、それは変わらず同じでした。

私が勤めていた会社で、全国の支店が集まる集会が開催されることになりました。そこで、支店ごとに何か「芸をやれ」ということになったのです。

私が勤めていたのは本社。張り切って本社の各部署を集めてダンスの指導をし、ときには朝練までしたおかげで、本社が1位から3位を独占！　してやったり！　とほくそ笑む私がいました（笑）。

しかし翌日、社長に呼び出されます。このとき私はてっきり、「よくやった！」と「喜んでもらえる」「褒めてもらえる」と思ってウキウキしていました。

ところが実際に社長から出た言葉は、

「本社は営業成績が悪いのに、なんで、そんなときだけ張り切ったのか？」

「それぐらい気合いを入れて、本業での営業ができないのか？」

という、お叱りの言葉だったのです。


「えー‼　社長も昨日はノリノリだったのに（泣）」


こうした経験から私は、「私がふざけると、怒られる」と思い込んでしまっていました。

でも、ｍａｓａさんは、「もっとふざけていい」＝「自分らしくしていい」と言ってくれました。そして、ことあるごとに「もっと踊りなさい」と言われた私は、ＳＮＳの発信も、踊ってみることにしたのです。

「なぜ、おにぎりのかぶりものなのか？」

これはよく聞かれる質問ですが、それは単純に、私がおにぎりが大好きだったからです（笑）。

死ぬ前に食べたいものは何かと聞かれたら、「鮭のおにぎり」と答えるほどのおにぎり好き。

そしてその頃、大好きなミュージシャンの藤井風（かぜ）くんがおにぎりのかぶりものをしていたのを観たこともあり、「発見!!」「これだ!!」と思い、即購入したのです（普段はノロマでも、こういうことへの行動力はやたら早い。笑）。

最初は藤井風くんと「お揃（そろ）い」のつもりで購入しました。でも、せっかくだから家でかぶって踊ってみたら、これがめちゃくちゃ楽しかったんです。

それなら観てくれる方が「クスッ」と笑ってくれて、イライラしていたり落ち込んでいたりする気持ちがほぐれればいいなと思ったこと。

そして、笑うと潜在意識もポジティブになるので、観てくれている方の潜在意識もポジティブなものになってほしいと思い、SNSで「おにぎりをかぶって踊る」姿を発信し始めました。

それからは、フォロワー数が急上昇。
私のことを知って興味を抱いてくれる方が増え、私の作ったプログラムを購入してくれる方も大幅に増えました。

masaさんは、私が「ふざけてはいけない」とマイナスに思っていた感情を、「ふざける私も私の魅力」だとプラスに変えるきっかけをくれました。

自分の本当の気持ちと向き合うきっかけをくれる人。
「ありのままの自分」がどのような姿であるかのヒントを与えてくれる人。
「こんな私もいいよね！」と思わせてくれる人。

そのような人が現れたら、深く深く、その人に感謝しましょう。
できる限り、その人から離れないように、大切にしましょう。
金運をはじめとした運気が猛スピードで変わっていきますよ。

「お金の引き寄せ」が叶いやすい人の特徴

前項では、自分に対するマイナスの感情をプラスの感情に変えてくれる人との出会いに深く感謝して、大切にしましょう、というお話をしました。
では、**どうしてそのことが自分の運気や人生を変えることになるのでしょうか？**

自分の人生をガラリと変えてくれるような特別な人との出会いは、人生のうちにそう何度もないことかもしれません。

けれど、**この仕組みがわかると、自分自身で意識するだけで人生の方向をプラスに変えていけるようになります。**

実際にこの仕組みがわかると、「お金の引き寄せ」が叶いやすい人や、自分の望む通りの人生を生きられている人の特徴も理解することができますよ！

詳しく説明していきますね！

第1章で、感情と感覚が結びついた「身体感覚」は、潜在意識に直結しているとお話ししました。

だからこそ、怒りや悲しみなどは、心の中から吐き出して感じきることが大切なのです。**潜在意識に残ってこびりついていた、過去のつらく悲しい、ガマンの感情を解放することができます。**

一方で「嬉しい」「楽しい」という感情は、何度も繰り返し体感することで、潜在意識にいい情報が入り込み、「嬉しい」「楽しい」という状況が現実化しやすくなります。

これは、とても大切なポイントなので、ここでもう一度繰り返します。

人生を変えるために知っておくべき仕組み④
「身体感覚は潜在意識と直結している」

私のクライアントの美希さんは、臨時収入や新しい仕事など、お金にまつわる幸運をどんどん引き寄せている方です。

美希さんの特徴は、とにかく「感激屋さん」なことです。

例えば、「チョコ、食べたいな〜と思っていたら、会社の隣の席の人に、チロルチョコもらったんです！　願望引き寄せた！」「ドラッグストアに行ったら、バズっているリップクリーム、最後の1個、ゲットしました〜！　運がいい！」などと、どんな小さなことでも「自分は運がいい！」「引き寄せた〜！」などと、感動して報告が来ます。

第1章でご紹介した「怒り解放ワーク」をすると、モヤモヤと心の中に漂っていた怒りや悲しみが放出されていきます。すると、美希さんのように、「嬉しい」「楽しい」感情が外に出やすくなってきます。

なぜその感情が出やすくなっているかというと、**怒りや悲しみなどの感情を「ガマン」していると、そのガマンの感情が「嬉しい」「楽しい」を押し殺してしまうため**です。

なので、ガマンを積み重ねていくと感動することがなくなるのではなく、ガマンの感情が「嬉しい」「楽しい」の感情に大きなフタをしてしまって、表に出てくることができなくなっているということです。

あなたの感動力が少ないと思っているとしたら、間違い。

それはあなたが感動できないのではなく、感情にガマンでフタをしていた、ということです。

美希さんのようにしょっちゅう「感動する」ことが、いい情報を潜在意識に送り込むことになるのです。

この、人生が急激に変わるレベルの情報を知らない人の多いこと!!!

お金も時間もかけずにできる、非常に効果的な方法なのに、なんともったいない!!!

感動は人生を豊かにするために超重要な役割を持っています!

「100万円が手に入ったらどう感じるか」を体感しよう

ではここで、**感情と感覚が結びついた「身体感覚」**とはどんなものか、試しに体感してみましょう。

例えば、「100万円がほしい」と思っているとします。

そうであれば、**今ここで100万円の札束を手渡されたらどう感じるか、体感してみてほしい**のです。

ずっと手に入れたいと思っていた100万円が、今、まさに目の前にある。これがあれば、ほしかったアクセサリーも買えるし、夫に高級ブランドのネクタイをプレゼントしてあげることもできる。

さらに、家族で旅行に行くこともできます。

私だったら、まず100万円の札束の重みを感じ、触って匂いを嗅ぎ、「これで、たくさんのことができる〜！」と、「そんな大袈裟(おおげさ)な〜」と思われるくらい飛び上がって喜びます。そうして、心臓がドキドキしてテンションが爆上がりする、自分の身体感覚を感じてみてほしいのです。

また、もし「ステキな彼氏がほしい」と思っているのであれば、理想の彼に「壁ドン」されて、「きゃ〜っ」と叫びたくなる気持ち、そして胸が張り裂けそうなくらい嬉しいという感覚を味わってみてください。

そのぐらいリアルに感じることで、**願いが叶ったときの体感が、ダイレクトに潜在意識に届きます。**

リアルな感動を感じるのが難しいと考える方は、日々、小さなことでもいいので、感動する機会を増やし、練習するのが効果的です。

感動の量を増やす！「1日10回、感動ワーク」

ここで、感動する機会を増やして、体感しやすくなるワークをやってみましょう。

1日のうちに、10個、感動するチャンスを見つけてください。

難しく考えなくても大丈夫！

朝ご飯に作った卵焼きがうまくできておいしかった。そうしたら、「ヤバ～

い、これ、めちゃめちゃおいしいじゃん！」「コレ店出せちゃう！」とつぶやく。

オーダーしていた化粧品が、ちょうど出かける前に届いた。「ラッキー！なんてタイミングいいんだろう」「もっとキレイになっていいと言われているんだわ！」と喜んでみる。

友人に旅行のおみやげでお菓子をもらったら、「わ〜っ、嬉しすぎる。実は九州、行ったことなくて、初めて食べるお菓子だ！」「わ〜！　嬉しすぎる！そしておいしすぎる！　これ初めて食べた！　ありがとう〜!!」と伝える。

自分では「大袈裟かな？」と思うくらい、オーバーなリアクションをしてみましょう。

「体感して、願いを叶えるトレーニング」と考えれば、今までスルーしてきた小さなできごとでさえ、いくつも感動するポイントが見つかるはずです。

ちなみに私の叔母であるT子ちゃんは感動を伝えるのがとにかくうまい！

この叔母はいつも感動していて、

「えーーー!! ありがとうーー!!! 嬉しい!!」

「わーー! やだー!! 嬉しすぎて泣きそう!!」

「もう本当に幸せーーー!!」

「気持ちわかるわ〜〜!!」

と、感動や共感を全力で伝えてくれます。


叔母は家族にも友達にも職場の人にもとても愛される、そしてもちろん私もとても大好きな唯一無二の存在です。

ちなみに私は朝、目覚めたらすぐ、「わ、今日も生きていられた! 心臓が動いている、ありがとう!」と自分の身体に感謝します。蛇口をひねったらお湯が出て、温かいお湯で顔が洗えることにも、感動、感謝します。

以前に足の指の爪をはがしたときに、足に力が入らなくて本当に不便でつらかったことがありました。なので、「足の爪が健康で、10本揃っていてくれてありがとう〜〜!!」とも感謝感激しています!

また、食べたものを消化して栄養に変え、エネルギーを生み出して元気に活動できるようにする、人間の身体の仕組みって奇跡ですよね！

そうやって考えると、感動して感謝できることって、誰でも10個、20個だけでなく、50個くらいは見つけられると思います。

見つければ見つけるほどその感情が潜在意識に入り、願望が叶っていく。

なんとステキな循環！


第1章でお話ししたように、自分の感情を感じ、受け止めてあげることは、決して子どもっぽかったり、恥ずかしかったりすることではありません。

安心して大きくリアクションしてあげてください！

10個に限定せず、感動を見つけることを習慣にしていきましょう。


私たち夫婦はよく、1日の終わりに「今日、どんなことに感動した？」「布団があってあったかくて幸せだね」と話します。

そのようにして、「感動したこと」や「幸せと感じたこと」をシェアできる人を見つけるのも、楽しく続けていくコツと言えるかもしれません。

「お金の器」を広げるために「ざわっ」とすることをやる

私は、人にはそれぞれ「お金の器」があると思っています。

「お金の器」とは、言い換えると、自分が手にしていいと許可できる金額です。

子どもの器は、1000円が入るのが精一杯かもしれませんし、大人になれば、自分の経験と相まって10万円、100万円と桁が大きくなります。

お金の器は、少しずつ「自分にふさわしい」と感じる金額を大きくしたり、手元を流通する金額を増やしたりしていくことで、育っていきます。

では、お金の器を大きくするために、今すぐできることは何か、お話ししますね。

先ほど、「人生を変えるために知っておくべき仕組み①」として、人間にはホメオスタシスと呼ばれる現状維持機能が備わっているとお話ししましたね。

このホメオスタシスという機能は、急激な変化を嫌い、今のままであり続けようと導きます。

でも、自分の持つ「お金の器」を広げ、入ってくるお金を増やすためには、ホメオスタシスに逆らって、少し「ざわっ」とする金額を使う必要があります。

この「ざわっ」とする感覚が、潜在意識を書き換えているサインなのです。

ただ、そうは言っても、ムリをして高額な品物を買う必要はありません。

私がよくやっていたのは、いつもは800円のファミレスの日替わりランチを食べているのに、週に1度など、たまにオシャレなレストランで1000円以上のランチを食べることです。

「いつもの」800円のランチなら、安心だしムダ遣いしている気もしない。

でも、ときにはあえて、ドキドキ、ザワザワする、1000円以上のランチを「えいっ」と思い切って食べる。８００円のランチに、ときどき思い切ってデザートをつけてみるのもオススメです！

どうしても、いつもより高い金額を使うことに罪悪感があって、なかなかできない。そんな場合は、**自分の中のもう1人の自分をイメージして、（私は「YUKOB（ユーコブ）」という名前の、自分で作った架空の天使をイメージしています。笑）その自分から許可をもらうという方法**があります。

「いつも頑張っているんだから、ランチで１０００円以上使ってもいいんだよ！」「おいしいもの食べて、自分を労（ねぎら）ってあげようね」

などと、もう1人の自分に背中を押してもらうのです。

また、「今の自分には、とてもとても……」と思うような洗練された場所に行ってみるのも、お金に対する意識を変えて、器を広げる効果があります。

例えば、私のクライアントの彩子さんは「ＧＩＮＺＡ ＳＩＸ」という、銀座にあるハイブランドばかり集めた商業施設によく出入りするそうです。

それも、買い物が目的ではなく、**ただそこにいて歩き回るだけ**。
何回も通っているうちに、最初は緊張していても徐々に慣れていきます。
そして、だんだんその空間にいることが心地よくなってくるそうです。

高級ホテルのラウンジを利用したり、ときには1杯2000円のコーヒーを飲んでみたりするのもいいかもしれません。
最初は「ざわざわ」して居心地が悪くても、「ここにいるのがあたりまえ」と、潜在意識に信じ込ませることができたら、ホメオスタシスに引っ張られずに、少しずつ、潜在意識を書き換えることができるのです。

自分に「お金を手に入れていい」と許可する「小切手の魔法ワーク」

私のもとで働く直子さんは、自分に「稼いでいい」と許可を与えて間もなく、株の収入がそれまでの10倍、50万円になったと先ほどお話ししました。

直子さんのように、自分を縛っている制限を解放し、「お金を手に入れていい」と許可できると、お金が手元になだれ込んできます。

ここで、自分に「ほしい金額を手に入れていい」と許可するワークをしてみましょう。やり方は簡単！　**自分宛てに、希望の金額を書いた小切手を作り、いつも目につくところに貼っておく**だけ。

自分の名前を支払い先にした小切手を見ると、「この金額を受け取ってください」と現実から許可を得ている気持ちになります。

これを繰り返し眺めることで、潜在意識に「この金額を手に入れていい」と許可を伝えることになるのです。

書き込む金額はいくらでも構いません。

ただし、最初は「1億円」「10億円」など、「今の自分じゃムリかもしれない」と思うような金額ではなく、**ちょっと背伸びすれば「あり得る」と思える金額**

にするのがポイントです。

また、何か目的を実現させるための、具体的な金額だとよりいいでしょう。

例えば、家族でハワイに旅行に行きたいとします。

1人あたり25万円かかるとして、4人家族なら100万円。

「どうせ叶えるなら、1000万円！」などと欲張らず、まずは、「100万円」と記入しましょう。

そして、小切手を見るたびに、ハワイに行ったら、ビーチを散歩して、エッグベネディクトを食べて、どんな嬉しい気持ちになるか、先取りして体感するのも、現実化を加速させます（身体を使って感じる体感は潜在意識とダイレクトにつながるという話を第1章でしましたね！）。

100万円が叶ったら、小切手を書き換えて、500万円、1000万円と金額を増やしていけばいいのです。

私の場合、人生を大きく変えたい気持ちが強すぎて、月収14万円、つまり、まだ年収160万円程度のときに、「年収1000万円」と書き込んで、毎日、眺めていました。最終的に「年収1000万円」は叶いましたが、それまでに7年かかりました。今から思うと、当時の私の心のどこかに「月収14万円なのに、ムリじゃね？」という気持ちがあったからでしょう。

ただ、1000万円を叶えたあとは、「2000万円」「5000万円」と金額を倍増させてきたのに、どれも数年で実現しました。

「年収1000万円」を叶えるまでの間に試行錯誤した経験が、その後に活きたからだと思っています。

また、一度経験したら「次もできる」「うまくいくはず」と、自分と潜在意識を信じることができたからです。

第2章では、たくさんワークが出てきましたね。

でも、「金運アップのために、どれもやらなきゃ……」と焦らなくて大丈夫。

また、**ワークは、毎日やらなければ効果がないわけではありません。**

今の自分がやってみたいもの、その日にやりたいと思ったものを1つできただけでも、進歩です。やってみた自分を褒めてあげてくださいね。

第3章

「嫌われたくない！」では人間関係は改善しない⁉

〜ホンネを解放し、「いい人」を克服する〜

みんな「嫌われたくない」から仮面をかぶっている

私はずっと、女友達、会社、コミュニティ、親戚付き合い……などの人間関係では、「〝ガマンするか〟〝嫌われるか〟」の2つの選択肢しかないと思っていました。

私がこう思っていたのは、もしかしたら子どもの頃、チビ、デブ、ノロマでいじられキャラで、ず～っと人の目を気にしてきた、召使いマインドのわき役人生を送ってきていたからかもしれません。

「人から嫌われる」のは、人生で最も恐ろしいことの1つだったからです。

でも「マインドコーチ」として数多くの方のお悩みを受けるうち、私だけでなく、ほとんどの人が、人間関係ではホンネをガマンして、自分でない誰か「いい人」になって苦しんでいることがわかりました。

第3章

「嫌われたくない!」では人間関係は改善しない!?
～ホンネを解放し、「いい人」を克服する～

人それぞれの生い立ちや育った環境などにはあまり関係なく、なぜ多くの人が、人間関係でガマンをしてしまうと思いますか？

私は、最も大きな理由の1つに、**まわりとの「和」を重んじる教育があるから**だと考えています。

子どもの頃、学校の先生や親などに、「みんなと仲良くしなさい」と言われたことがある人がほとんどでしょう。

自分の感情や特性などは抑え、まわりに合わせてガマンすることが、学校生活や社会でうまくやっていくコツだと教えられてきたのですから、ガマンするのもムリはありません。

自分の考えや意見を言えるのは、特別な人だけ。ただし、そんな特別な人でも、あまりに自分の考えや意見を言いすぎると「でしゃばり」「自己主張が強い」と思われてしまう。

そのようなことを、ほとんどの人が思って育ってきていないでしょうか。

たしかに、かつてはそんな教育が効果をあげた時代もありました。

まわりと足並みを揃えて1つの目標に向かって動くのが効率的だった高度成長期などでは、みんなで一緒にガマンすることでなんとなくの一体感が生まれるなど、得るものがありました。

でも、**今は、時代が大きく変わってきている**と、私は感じています。

この第3章では、人間関係のガマンを解放する方法、また、解放したあとにどう生きれば、今の時代で幸せになれるのかなどをお話ししていきます。

ガマンしすぎて結局、家族にブチギレる

先日私は、ＴｉｋＴｏｋでちょっと衝撃的な、「妻が発狂しました」という内容の動画を見つけました。ちょっとしたことで夫とケンカした奥さんが、

延々と叫び声を上げ続ける動画です。動画を撮影していたダンナさんに言わせれば、原因は大したことない、小さなことです。

でも、奥さんは、ず～っと狂ったように叫んでいる。

その動画を観ながら私は、「この奥さんは、よほどガマンしてストレスが溜まっていたのだろう」と感じました。

実は、似たようなことが、多くの家庭で起こっています。

働く人であれば、社会人が会社を辞める原因のトップは「人間関係」だというのを聞いたことがあるかもしれません。

仕事の内容や待遇など以上に、働く基準になるのが人間関係。

ガマンしてつらい思いをするのは、仕事上の関係だけではありません。

ママ友などの友人、自分の両親や義父母、そして親戚付き合いなど、あらゆる人間関係で「いい人」であろうとしている多くの人は、自分を抑えてガマンしすぎてストレスを溜め込んでいます。そして、**唯一、気を許せる家族の前で、ブチギレてしまうことが少なくない**のです。

また、派手にブチギレはしないまでも、外ではニコニコと誰にでも愛想よく、外ヅラがいいのに、家に帰るとむすっと黙り込む。

話しかけても「あぁ」とか「うん」とかしか返事をしない。

そんなダンナさんに不満を抱える女性は案外多いんです。

でも、女性だって同じような態度を子どもに見せていることがとても多い。

実は、私もそうでした。

家族の他に別の人がいる場では、精一杯みんなに気を遣い、ワイワイ盛り上げている。それなのに、**家族だけになった瞬間に態度が急変**。声のトーンは数段低くなり、子どもに向かって「帰るわよ」とたった一言だけ放つ。

家に着いても、「早く、宿題片付けなさい」「早く、お風呂に入りなさい」など急かすばかりで、子どもの話に耳を傾けることもありませんでした。

ストレスは発散し続けても「内観」するまで終わりがない

もしかしたら、人間関係のストレスを趣味などで上手に発散し、家庭に持ち込まない人もいるかもしれません。でも、多くの人は、何かでストレスを解消しようとして、爆食いしてしまったり、買い物に走ったりした結果、別の問題を抱えることが少なくないようです。

私も、20代、30代の頃は、人間関係のストレスを、お酒を飲んで騒いだりカラオケに行ったりすることで発散しようとしていました。

それしか手段を知らなかったからです。

お酒を飲んだり、カラオケで歌ったりするのは、手軽にできて、多くの人が「ストレスを発散」しようとして行う行為。ただ、私の場合、イヤなことから逃れたい、つらい気持ちを忘れたいという思いが強くて、ついつい記憶がなくなるまで、お酒をがぶ飲みしてしまうことが少なくありませんでした。

例えば仕事が終わって居酒屋に行き、そのあと、朝までカラオケ。カラオケボックスで仮眠して出社することはしょっちゅう。今で言うクラブ（当時はディスコ）に行って、テキーラを一気飲みし、気がついたら、公園にある生垣の中で寝ていたこともありました。

また、多くの場合、職場の人間関係は、仕事が終わったあとの時間も続きます。同僚に「お茶して帰ろう」と誘われれば、子どもを待たせてでも義務感でお付き合いをする。食事をしながらの取引先との接待の場であれば、「イヤだな」と思いながらも、誰よりも明るく振る舞って盛り上げる。

30代頃までの私は、気を遣って「いい人」になればなるほど、人生がうまくいかなくなっていました。**人に嫌われないように頑張れば、頑張るほど、じゃけんにされるのが不思議でならなかった**のです。

次第に私は、人に気を遣うあまり本当の自分の心とはかけ離れた行動をとることに、疲れてきてしまいました。

結局のところ、自分の本当の気持ちに目を向けず、表面的にストレス解消ばかりしていても終わりが来ない。

一生、このまま「いい人」でいて、モヤモヤを抱えることになる。

そう気づいた私は、「本当は、私はどうしたいのか?」「何をしたら、自分は幸せなのか?」と自分の心に問いかけて、日々向き合い、「内観」するようにし始めたのです。

自分の心を声に出して体感を確認

「内観」とは、自分の本当の心を観る、ということ。

多くの人が「内観」するときに、自分の心ではなく他人の心を気にするあまり、自分の心がまったく見えていないと感じています。

また、「内観」というと、「難しそう」「つらい気持ちに向き合わなければならないの？」「怖い」などと考える人もいます。瞑想したり、じっと考えたりする時間が必要だと、二の足を踏む人もいるかもしれません。

でも「内観」は、決して難しくも大変でもありません。

内観にもいろいろな方法があります。今回はすぐにできて簡単な方法をお伝えしますね。初めてやってみるときは、自分がこれからする行動を声に出し、どんな感じがするか、身体の感覚を確認してみましょう。〝確認するだけ〟でいいのです。


例えば、同僚に「飲みに行こう！」と誘われたとします。

そうしたら、「私は、〇さんと飲みに行きます」または、「私は、〇さんと飲みに行きません」と口に出して言ってみます。

「飲みに行きます」と言ったとき、みぞおちあたりがずっしりと重くなったら、それは、あなたは本当は行きたくないというサイン。

「飲みに行きません」と言って、なんだか胸がスッキリした気がしたら、本当は飲みになんて行きたくない！　とあなたの心は叫んでいます。理由を見つけて断りましょう。

第2章の「ハートがほしいものを見つけるワーク」でお伝えした通り、**声に出して自分の「身体感覚を確認する」のは、人間関係だけでなく、自分の好きなものを見つけたり、決断をしたりするときにも活用できます。**

例えば、大きな決断をするときも、「今の会社を辞める」「今の会社でできることを探す」など、選択肢を声に出して確認するのはオススメです。

私はそうして、少しずつ本当の自分の気持ちを確認し、「人に嫌われたくない」という他人基準から、「自分がやりたいか、やりたくないか」の自分基準で動くようにし始めました。ただ、最初のうちは「ゴメン、まだ仕事が終わらないんだ」とか「高校の同級生と約束しちゃったの」などと、なんとか円満に断ろうと、必死で理由を考えていました。

でも、そのうち、断る理由を見つけるのも面倒になり、思い切って「ゴメン、今日は気分が乗らないから行かない」と言ってみたのです。

すると、相手はイヤな顔をすることもなく、「そっか、じゃ、また次ね」と言ってくれ、自分の心もスッキリと爽快になりました。**本当の自分の心で人と付き合うと、人の対応もいい方向に変わる**と実感しました。

こうして本当の自分の気持ちに向き合う機会が増えると、、悩みや課題などに対しても、自分はどうしたいのかが少しずつ見えてくるはずです。

顕在意識で考える「思考」をストップしてみよう

私のところに人間関係の悩みで相談に来られるのは、とても真面目な人が多く、「ちゃんとした人ならこうする」「大人はこうすべき」などの、「〜べき」

といった考えの通りに人に接しようとして、疲れ切っていることが少なくありません。

そうした人たちに「身体感覚を感じることの大切さ」を説明しても、これまで自分の体感よりも「べき」で選択してきたために、なかなか体感を感じられないことが多いのです。

でも、それも仕方のないこと。ずっと、「こうするべき」と教えられてきたのだから。環境があなたをそうさせただけなのですから、自分を責めすぎてはダメです。

多くの人は潜在意識よりも顕在意識で「ああしなきゃ」「これをやらなきゃ」などと考えて、頭がいっぱいいっぱいになっているのです。

よく、私たちの顕在意識は、1日に、6万～7万回もの考えごとをしていると言われます。ただ、そのうちの9割が、過去の後悔と未来への不安だと言われています。だから、頭を空っぽにして瞑想しようとしても、いろんな考えが頭をめぐって難しい。次にご紹介するのは、**これまで私が試した中で、最も簡**

単に「無」になれるワークです。

友達、会社、コミュニティなどで、ガマンしすぎて悩みや不満で頭がいっぱいの人は、ときに顕在意識の「思考」をシャットアウトして、自分を見つめる時間を作りましょう。

思考をシャットアウトして「無」になる！「湯船で耳まで浸かるワーク」

人は真上を見ながら、あれこれ思考をすることはできないと言われています。また、音をシャットアウトして外界と壁を作ることで、外から聴覚へ入る刺激がなくなり、心が落ち着きます。

この2つを組み合わせたのが「**湯船で耳まで浸かるワーク**」です。

「耳まで浸かる」といっても、あごから真っ直ぐ顔を沈めていくのではありません。それだと、呼吸もできず、すぐに顔を出したくなってしまいます。

私が言う「湯船で耳まで浸かる」は、**仰向けになって顔を天井に向け、静かに耳までお湯に浸かるという方法**です(※お湯に浸かる時間には気をつけ、溺水事故には注意して行ってください)。

すると、聞こえるのは水の音、そして自分の内側の音だけになります。

私はよく、入浴中にこうして耳まで浸かってボーッとしながら、**自分の心臓の音と、動いたときの水の音**を聞いています。

時間は1分くらいから始めましょう。

浸かっているのが心地よければ、長めにしても大丈夫です。

また、耳に水が入るのが心地よくなければ、手で耳を押さえてもオッケー!

最初は時間を短めにしてもいいでしょう。

ムリに「考えるのをやめよう」「〝無〟になろう」としなくても大丈夫。

ただ、ぼんやり浸かっているだけで、頭の中のノイズが減っていきます。これを繰り返していくと、だんだんと自分の本当の気持ちが見えやすくなってきますよ。

「ガマンは美徳」はそろそろやめていい

自分が本当は何を求めているのか、どうしたいのか、そんな気持ちを覆い隠してしまうのが、人間関係の「ガマン」です。

1人だけ意見が違うのは恥ずかしいから、ガマン。
思ったことを口にするのは「わきまえない人」だから、ガマン。
注意したいけど、でしゃばりと思われたくないから、ガマン。

「ガマンは美徳」と言われて育った私たちは、無意識のうちに、たくさんのガマンをしています。

そして、自分が本当はどうしたいのかが見えなくなり、無意識のうちに、不満やガマンを潜在意識に送り込み続けてしまうのです。

私は、そろそろ**「ガマンは美徳」という考えはやめてもいい**のではないかと思っています。

占星術やスピリチュアルの世界では、２０２０年から「風の時代」がスタートしていると言われています。それまで２２０年ほど続いた「土（地）の時代」は、土や土地のように安定していることがよしとされ、地位やお金などの現実的、物質的なもの、目に見えるものが重視されていました。

だからこそ、ガマンして「和」を乱さずにいることで、物質的に幸せになれると説かれていたのでしょう。

一方で「風の時代」は、「～でなければならない」といった常識や、物質などに縛られず、1人ひとりが違うことが受け入れられていく時代です。

自分を抑えて、まわりに合わせる必要はなくなっていきます。

目には見えない自分の「こころ」を大事にする時代です。

性別や年齢、世間の常識などに振り回されず、自分自身であること、自分が居心地いい環境にいることで、幸せになるのです。

最近よく、「頑張らなくていい」という主張を耳にします。

私も基本的に賛成です。昭和の時代のように、ガマンを重ね、しなくてもいい努力を続けることで、幸せになれる時代ではないからです。

でも、一方で「**自分らしく**」**あることには、全力をあげて力を注いでほしい**と思っています。もちろん、物質的な富を追い求めたり、安定した仕事に就いたりするのがよくないと言っているわけではありません。それが本当に心から望むことであり、自分が幸せになれるなら、それでいいのです。

ただ、世間の常識や親の言うことなどにそのまま従うのではなく、「怒り」や「思考」などのノイズを取り除いた先にある、自分がどうしたいのかを見つけてほしいのです。

「わき役」にいい顔して「主役級」につらくあたっていない?

心理学、心理療法のセミナーに参加したとき、講師の先生に繰り返し言われた言葉があります。それは、「**本当に豊かな人生とは、〝大切な人を大切にできる〟人生**」ということです。

この教えが、人間関係の悩みを減らし心から幸せを感じられる生き方だと、私も最近やっと実感できるようになってきました。

私がクライアントさんなどに、「一番、大切な人は誰ですか?」と聞くと、皆さん、「家族」「子ども」などと答えます。でも、実際に「大切だと思うから大切にしている」かというと、少し違います。

例えば、あるとき、私のご近所に住む50代の男性が突然、病気で亡くなりました。私はたまに奥さんと話をすることがあったのですが、いつもダンナさんに対しての不満ばかり。ところが、お葬式に行くと、奥さんは「私がいつも、〝アンタなんていらない〟〝アンタなんか死ねばいい〟と言っていたから、こうなったんだ……」と号泣していました。

亡くなって初めて、ダンナさんの大切さがわかったと言っていました。

また、別の女性は仕事が忙しくなり、夫のことを「うっとうしいから、外で女でも作って浮気でもしてくれたほうがせいせいする」と、ことあるごとに言っていました。でも、あるときダンナさんが「本屋に行ってくる」と言ったまま、4～5時間帰ってこないことがありました。

それ以来、ちょこちょこ外に出かけることが増えたため、ダンナさんのスマホをチェックしたところ、ガールズバーの女性からのメッセージを発見。

彼女は頭に血が上って、思わずスマホを壁に投げつけたそうです。

そうなるまでは、**自分が本当は夫にどんな感情を持っているか見えていな**

かった、ということでした。そのときから彼女の態度は変わり、夫への態度を改めたとのこと。今では、すっかり仲良く暮らしています。

私はこんな話を聞くたびに、**多くの人は、自分の人生に登場する「わき役」にばかり気を遣ってガマンをし、「主役級」に大事な人を大切にしていないな**と感じます。

シンデレラの物語で言えば、ストーリーに関係ない、パーティに参加している人たちにばかり気を遣って、王子さまには、あたり散らしているようなものです。それでは「シンデレラの人生」というドラマはいい方向に展開しないし、ストーリーも面白くなくなります。

でもそう言う私も、以前は、外で何かイヤなことがあると家に帰って夫にイライラをぶつけたこともありました。

また、ママ友とのランチや飲み会には、子どもに留守番させてでも、ムリして参加。電話がかかってきたら、子どもには「ちょっと待ってて」「静かにして」

などと言って、話に付き合っていたのです。

でも、夫に不愉快な思いをさせている自分に、自己嫌悪に陥ることもしょっちゅうでした。また、ママ友とのランチや飲み会でほかのママ友や学校の先生の悪口などを聞いても、私の心は喜んでいない。つい、話を合わせてしまう自分のことも、どんどん嫌いになっていく。

そんなことを繰り返しているうちにつくづくイヤになり、「〝大切な人〟を大切にできる人生ってどんな人生だろう」と考えるようになったのです。

本当に大切な人は誰?
「1回死んでみるワーク」

人はよほどの極限状態に追い込まれないと、普段は「不満」や「怒り」で隠されている、本当の気持ちに気づけないことが多いもの。

そのため私は、「1回死んでみる」というワークを開催しています。

実際のワークでは、皆さんが「1回死んでみる」までのストーリーを私がお伝えしながら、大切だと思うものを少しずつ手放していただく、臨場感のあるワークを行うのですが、本書では簡易版として、ご自身でやっていただくやり方をご紹介します。

自分の本当の気持ちに気づける、とても効果的なワークですので、ぜひ試してみてください。

STEP1　大切なものを紙に書き出す

まず、20枚の紙を用意します。

そして、あなたが考える大事なものを4つのカテゴリーに分けて、各カテゴリーに5つ、1つにつき1枚の紙を使って書き出してみましょう。

「大切な思い出」が5つ、「大切な願望」が5つ、「大切なもの（物質）」が5つ、

そして「大切な命あるもの」が5つです。

「思い出」は、「小学生で新幹線に初めて乗ったこと」や、「子どもが生まれた日」など、これまでに起きたことで記憶に残っていることです。

「願望」は、例えば「世界一周したい」「〝推し〟に会いたい」など、叶えたいこと、こうなったらいいと思うこと。

「物質」は、マイホームでも、ブランドのジュエリーでも、子どもの頃から大切にしているぬいぐるみなどでもいいでしょう。

「命あるもの」は、家族や友人だけでなく、飼っているペットや、習い事の仲間などを入れても構いません。

ただ、「大事なもの」と言っても、すべての分野において、よかったこと、嬉しかったことだけでなくて構いません。

例えば、「思い出」であれば、衝撃を受けて今でも思い出すこと、驚いて忘れられないことや、つらかったことなどを含めてもいいでしょう。

また「命あるもの」では、大好きな人たちばかりでなく、大嫌いでいつも頭に浮かぶ人、憎くて記憶から消せない人などがいれば、それを書き出すのもいいでしょう。

なぜなら、たとえイヤだ、憎いなどのネガティブな感情でも、強く残っているものは、本当は求めていたり、手に入らないと思っているだけの可能性があるからです。

STEP2　あと1年しか生きられないとしたらを想像する

20枚の紙にあなたの大切なものを書き込んだら、次に、**あなたが「余命宣告」を受けて、あと1年しか生きられないと仮定**します。

そして、死に向かっていく過程で、**1ヶ月ごとに、2つずつ手放していく**のです。

例えば、「余命宣告」を受けてから、1ヶ月経った。

自分には、あと11ヶ月しか残されていない。

そのときに、20個のうち「もう死んでいくのだから、これは、なくてもいい」「今、手放せる」というものを2つ選んで手放します。


こうして、9ヶ月後までに2つずつ手放すと、最後に2つ残ります。

最後に残った2つ。それが、あなたの本当に「大切な人」やもの、そして願望や思い出なのです。

ただし、最後の2つも最終的には手放します。

最後の2つは、「もう、今日が最後」の瞬間に、1つずつ手放していきます。

こうして手放していく順番に、あなたがどれをどれほど大切に思っているかが現れるのです。

優先順位がわかれば人間関係のガマンがなくなる

多くの人と「1回死んでみる」ワークをやってきた経験から、特に「人」に関して言えば、「命あるもの」の中にママ友や会社の上司などが出てきたことはありません。

ワークを行う前は「子どもが大切」と言っていた人が、子どもを早々に手放したり、夫を毛嫌いしていた人が、最後まで夫の紙を手放さなかったりするのはよくあることです。

また、最後まで残る「命あるもの」はさまざまで、「ペット」の場合もあれば「自分」だという人もいます。

どれを残したらよくて、どれを残したらよくないということはありません。

また、どれを残したら幸せになれて、どれを残したら願いが叶わないということもないのです。**残すものは、人それぞれ、異なっていい。**

このワークは、シンプルに、あなたが本当に何を、そして「誰」を大切に思っているのかを知るためのものだからです。

私自身も、何度か行っていますが、そのときどきの状況で、息子だったり娘だったりしました。でも、一貫して「子どもが大切」だとわかったら、子どもたちにガマンを強いてまで、ママ友や会社の同僚に付き合う必要はないと思え、その後はムリして付き合うことがなくなりました。

また、それまでは、子どもや夫に対して「勉強しない」「言うことを聞かない」「家事を手伝ってくれない」など、やらないこと、できないことばかりに目を向けてうるさく言っていました。

でも、本当に「大切な人」がわかると、その人たちがいてくれるだけでありがたいと思えるようになります。

「学校に行かない」とイライラしていた子どもに対して、「いてくれればいい、生きていてくれればいい」と思えれば、「今日は、学校サボって、ママとランチ行こうか?」と言えるかもしれません（実際、私はそうしたこともあります）。

また、ダンナさんに対しても「いてくれるだけでありがたい」と思ったら、たとえ家事をしなくても、食器をテーブルからシンクに運んだだけでも素直に「ありがとう」と言えるでしょう。

死ぬ間際まで手放したくない、「本当に大切な人たち」。そして、よく考えたら、**それほど大切でもなかった人たち。そんな自分にとっての優先順位がわかれば、誰を優先すべきかが明確になります。**

そして、自分の本当の気持ちに沿って行動することで、ムダなガマンがなくなり、人間関係のストレスから解放されるのです。

「自分の大切なこと」が見えたら自分で満たしてあげよう

「1回死んでみる」ワークをすると、自分にとって「大切な人」だけでなく、大切なものや願望まで明確になってきます。

本当に大切なものが見えてきたら、自分自身に、大切なものを大事にする時間、言い換えれば、自分を満たしてあげる時間を作ってください。

でも、これまでにもう長い間「自分はなんてダメなんだろう」などと自分を責めてばかりいて、「自分を大切にするなんて、どうしたらいいか見当もつかない……」と戸惑う人は案外多いものです。

まず、できるのは、「1回死んでみる」ワークで見つかった、大切なものに使う時間を増やすことです。

例えば、家族が最も大切なのであれば、家族との時間を増やすようにする、

10年以内にハワイに行きたいという願望があるのであれば、ハワイに関する情報を集める時間を作るなど、小さなことでも始めてみれば、人との関係だけでなく、日々の暮らしで、より大きな幸せを感じられるようになるでしょう。

次に、自分にこう問いかけてみてください。

私は「自分をどうやって大切にしたらいいのかわからない」という人に、よくこんな質問をします。

「あなたが、とてもお世話になった方を1人、思い浮かべてください」
「その人のお誕生日がもうすぐだとしたら、何をしてあげようと思いますか?」

すると、多くの人は相手の人の生活や趣味を考えて、「ワインが好きだから、珍しいワインを差し上げます」とか、「テニスにハマっているから、試合のチケットを送ろうかな?」などとスラスラ答えます。

このように、人に対して「喜んでもらいたい」「感動してもらえたら嬉しい」

と思うのと同じ気持ちを持って、自分にも何か贈ってあげたり、労ってあげたりしてほしいのです。

本当に一番大切な「自分」のために。

「人生を変えるために知っておくべき仕組み②」として、「あなたのまま」でいることで人生が好転する、とお伝えしました。

「あなたのまま」でいるためには、自分の気持ちや感情と向き合い、本当の自分が何を求めているかを知ることが、とても大切です。

そして、本来のあなたを尊重し、大切にしてあげることが、人生を好転させる近道になります。

第4章

あらゆる事象の根本には「母」がいる!?

～母へのガマンを解放し、私の物語を生きる～

母に対するガマンがすべての元凶だった！

ここまで、この本では、第1章で「パートナーシップ」、第2章で「お金」、そして第3章では「人間関係」といったように、**あらゆる悩みの原因にさまざまな「ガマン」があるということ、そして、どうやったら、そのガマンを解放できるかを、**ワークを含めてご説明してきました。

でも実は、これまでお話ししてきた以外に、あと1つ、誰もが無意識にしている手強い「ガマン」があることを、ここでお伝えしなければなりません。

この「ガマン」は、最強であるだけでなく、「パートナーシップ」「お金」そして「人間関係」など、**人生におけるあらゆる悩みの元凶**となるものです。

それは……「**母に対するガマン**」です。

いきなり「母に対するガマン」と言われても、「は？　何のこと？」と思うかもしれませんし、「そうそう!!　それが最大のガマン!!!」と思う人もいるかもしれません。

私も「マインドコーチ」としてカウンセリングするときは、突然、こんな話から始めることはありません。

相談に来られた方の、「夫やパートナーとの関係」「お金」「まわりとの人間関係」など、今、抱える課題をうかがいながら、家族関係、特にお母さんとはどんな状態かをたずねていきます。

すると、人生がうまくいかないと悩む方たちの99％が、母との間になんらかの「ガマン」を抱えていることがわかるのです。

話をうかがっていくと、「母に対するガマン」には、さまざまなものが存在します。

例えば、「兄ばかり褒めて、私はいないも同然の扱いだった」とか、「何をするにも、いつも口出ししてきて、進学する学校だけでなく、服装や就職、付き合う友人まで母が決めていた」などと言う人がいます。

または、「いつも仕事で忙しくて、全然かまってもらえなかった」「近所のほかの子と比べられてばかりいた」などと答える人もいます。

でも実は、見た目はいろいろな形をとっていても、「母に対するガマン」はたった1つの感情に集約されます。


それは、実はとてもシンプル。

「もっと、ありのままの自分を愛してほしかった」

という感情なのです。


ただ、たいていの場合、「もっと、ありのままの自分を愛してほしかった」という気持ちは、怒りや悲しみなどに覆い隠されています。

そして、「愛」の上に重なっている無意識の怒りや悲しみが潜在意識に繰り返し送り込まれて、また怒りたくなったり、悲しんだりする現実が、人生のさまざまな面で現れるのです。

第4章

あらゆる事象の根本には「母」がいる!?
～母へのガマンを解放し、私の物語を生きる～

例えば「パートナーシップ」の問題を例に挙げてみます。

お母さんがなんでも決めて、思うようにコントロールされてきた人は、それがあたりまえ、自分はそんな存在だと無意識に思うため、同じように、自分を縛ったり、コントロールしたりしてくる相手を引き寄せます。

母の愛が足りないと感じている人は、無意識に「不足」の感覚を潜在意識に送り込むため、「お金がいつも足りない」現実が目の前に現れます。

母親からかまってもらえず、寂しかった気持ちを抱えていると、「人間関係」でも、友達ができない、会社で無視されるなどの「寂しい」現実となって現れます。

無理やりこじつけているように思うでしょうか?

でも、**生まれてすぐのときや、まだ幼い子どもにとっては、世界はほぼ母の存在がすべて**です。

幼少期の潜在意識はとても柔らかく、目の前の人(母親やいつも一緒にいた大人）が言っていることや態度がスッと潜在意識に入り込みます。

幼い心に無意識のうちに刻まれた母との関係の「型」は、大人になってからのまわりや社会との関係に色濃く反映されてしまうのです。

それは、「母への感情＝世間への感情」というイメージです。

もちろん、数はとても少ないですが、「私は母と仲良しで……」「自由に育ててもらいました」などと、肯定的な話をされる方もいらっしゃいます。

でも、私の経験からも断言できますが、**お母さんとの間に心理的な葛藤がないのに「人生がうまくいかない」という人はほぼいません。**

私たちの現実は、９割以上が潜在意識にある思いや考えで作られています。

ただ、自分の潜在意識に何が入っているかを知るのは、とても難しいんです。

でも、逆に考えてみれば、今の現実の９割は潜在意識がもとになって作られている。それならば、現実を見て、今、目の前になんらかの問題がある人は、何か問題を引き起こすような考えや感情が、潜在意識に入っていると考えることができるのです。

信じたくないと思いますが、問題を引き起こす原因となる考えや感情があなたの中にこびりついている、ということです。

原因になっている考えや感情を解放する必要があるのです。

気づいていないだけで、よ～く話をうかがっていくと、「母は、私のためにやってくれていた」と思っていたことが、実はあなたが本当に行きたい方向ではなく親の希望する方向に向かっていて、知らず知らずに不満やストレスを溜めている……ということが少なくないのです。

なんで「〃母〃限定」で父じゃないの？

もしかしたらここで、「なんで〃母〃限定なの？　父じゃないの？」「私は、祖父母に育てられたから、祖父母との間に心理的に何かあるのかもしれない」「私は父に対してはガマンしていたけど、母にはガマンはないのに」

といった疑問が浮かんだ方もいらっしゃるかもしれませんね。

もちろん、父や祖父母など、幼い頃に身近にいた人たちからは、誰でも多少なりとも影響を受けています。

でも「母」ほど、強い影響を与えている存在はいません。

なぜなら、**私たちは本能的に、母がいなければ「生まれなかった」「生きてはいけないはず」と知っており、強い絆を感じている**からです。

子どもたちは、生まれる前は、母の胎内で「愛されている」ことを身をもって実感しています。

お母さんは誰でも、生まれるまでの10ヶ月近く、自分の身を削って子どもに栄養を与えて、育てています。

そして、生まれてからも、数時間おきにミルクを与え、オムツを替えるなどをして、子どもの命を守ります。

自分で食事ができるようになるまでの何年間もの間、365日1日3回の食事を食べさせてくれ、洗濯をしてくれ、寝かしつけてくれ、病気になれば病院に連れていってくれ、寝不足になっても看病してくれる……。

その記憶を無意識に抱いているのです。

そうして、**無条件に愛を与えてもらえた記憶が、たとえ今現在の関係が悪かったとしても、誰でも潜在意識に入っているのです。**

ところが、子どもがある程度大きくなると、お母さんは、そうして1日中つきっきりで愛情を注いでばかりはいられなくなります。

子どもは1人でご飯を食べたり、お風呂に入ったりできるようになります。母は、ほかにやらなければならないことが山積みでしょうし、もしかしたら、仕事があるかもしれません。

ときには、世間体を気にして子どもを傷つけることも言うかもしれません。誰かと比べてしまうこともあるかもしれません。

そのようにして、「いつまでも無条件に愛してほしい」と思う子どもの期待通りに振る舞ってくれなくなると、子どもは「寂しい」と感じます。

でも、そこでワガママを言って「母に嫌われたら、生きてはいけない」。

だから、**無意識のうちに「ガマン」が始まってしまう**のです。

シンデレラの物語では、実母については語られていません。

もしかしたら、早くに母を亡くしたシンデレラは、無意識のうちにガマンをしていて、それが継母や義姉たちとの関係に大きく影響していたのかもしれないのです。

「お母さん、私を見て！」と言うと99％の人が涙する

第1章でご紹介した、全身を使って怒りを吐き出す「怒り解放ワーク」を

やっていただくと、**最終的にはほとんどの人が、母親に対する怒りを放出させています。**

最初は「母とは、うまくやっている」「怒る理由がない」と言っている方でさえ、回数を重ねていくと少しずつ、心の奥に潜んでいた怒りが現れてきます。

「もう、1週間もタオルを振り回しているのに、母への怒りが止められません」などと言うことが少なくないのです。

なぜ、愛情で結ばれているはずの母子が、そんなに「怒りをガマン」するような関係になってしまうと思いますか？

まず、最大の理由が、先にお伝えした「**母に嫌われたら、生きてはいけない**」と、**子どもは無意識に感じているため、自分の欲求をガマンしてしまうから**です。また誰でも、母に求める愛情が深いがために、与えられないと思うと「裏切られた」と無意識に感じて、強い怒りや憎しみに変わるのだと私は考えています。

「怒り解放ワーク」を実践していただいている方には、「バカヤロウ」「無視するんじゃねえ！」など、どんなに汚い言葉でも構わないので、とにかく怒りを出し切ることをお願いしています。

そして、少し落ち着いてきたら、「**〝お母さん、私を見て！〟〝お母さん、助けて〟と言ってください**」と、私は伝えます。

すると、「母親の関心なんて、別になくてもいい」と言っていた人でさえ、その言葉を口にすると大泣きします。

それほど、**母の愛を求めていた人が多い**という証(あかし)です。

私の場合、最初に怒りを吐き出したときは、「私を放っておいて！」「自分の機嫌は自分でとって」「私に依存しないで」などという、それまでに顕在意識では思ってもみなかった言葉が口をついて出てきました。

それは、母が私に対して過剰に干渉していたことに「ガマン」していたからです。

でも、私は最後に自分でも信じられない体験をします。

私の場合も、1週間、2週間やっても、怒りが収まる気配がありませんでした。あまりにも終わりが見えないため、だんだん疲れを感じ始めました。また、それまで閉じていた感情のフタを開けた反動で、なんだか毎日、ぐったりしてくる。

そんな日々が続いたので、あるとき、思い切って半日ほど時間をとって、徹底的に怒りを解放することにしたのです。

そのときは、これまでの人生で怒りを感じた、昔の彼氏や職場の上司などを手当たり次第に思い出しては怒りを吐き出しました。

そして、まだ残っていた母への怒りをブチまけていたら、ある瞬間、ガーッと涙があふれ、何かが外れた感じがしました。

そして、突然、母の子宮の中に入った感覚になり、急に母の声が聞こえてきました。

私のことを大切に思っている、生まれてくるのをとにかく楽しみにしている。そんな言葉でした。

そして母が笑顔でいることが、見えなくてもわかりました。

「私は愛されていたんだ」と感じ、モーレッツに「お母さんに会いたい」という気持ちになれたのです。

それからは、私の人生は大きく変化し始めました。

母に対して、なんらかのアクションを起こしたわけではありません。

ただ、自分の心にアクセスしただけで、自分だけでなくまわりや環境も変わっていったのです。

なんでも「母のせい」にしたいわけではない

こうして私が、「〝母へのガマン〟が、人生のほとんどのトラブルの原因」という発信をしていると、「なんでもかんでも、母のせいにするってどうなの？」「大人なんだから、そんな子どもの頃の状況に、すべて左右されるわけがない」といった、反対意見をいただくこともあります。

もちろん、母との関係以外にも、パートナー、お金、人間関係などの問題を引き起こす要因は存在します。

ただ、そのほかの要因の影響力は格段に小さいと言わざるを得ません。

なぜなら、先にお話ししたように、誰でも母とは生まれる前から、深い絆で結ばれているから。

無償の愛を受け取った記憶が、無意識にあるからこそ、求める気持ちは強く、

また反対に、愛をもらえないと思ったときの衝撃も大きいのです。

強く感情が揺れ動いた記憶は、潜在意識にズボッと深〜く深〜く刻まれます。そうして、私たちの人生に大きく影響を及ぼすのです。

「なんでもかんでも母のせいにするな」という意見を持つ人は、実は大きな不安を抱えている人が少なくないんです。

人生に課題を抱えているとしたら、いったん母親のせいにして、まず、自分の心の状態を整えるのが先だと思っています。

それほど、「母へのガマン」の影響力は思った以上に大きいんです。

それがあなたが「わき役人生」を歩む元凶となっているのであれば、早々に取り除いて、自分の人生の主役になってもらいたいのです！

ただ、子育て中のお母さんは、自分の心の怒りやモヤモヤが少しずつ減ってくると「もしかしたら、私が私の母に対してガマンをしているように、私の子どもも私（母）にガマンをしているのかも……」と気づいてしまうことがよくあります。

すでにお子さんが成人している方から、「もう手遅れでしょうか？」「どうしたらいいでしょう？」などと相談を受けることも少なくないのです。

でも、大丈夫！

実際に私も、子どもたちにガマンをさせてきた経験がありますが、**「遅すぎる」ということは、決してありません。**

ただ、もし「子どもがガマンしている」と気づいたのであれば、**素直にお子さんに謝ってほしい**のです。

「でも、忙しかったんだから、しょうがない」「私もつらかったんだし……」などと、自分をかばいたくなる気持ちはわかります。

でも、もし本当に子どもたちに幸せな人生を歩んでほしいなら、面と向かって謝るのがベストだと私は考えています。

もし、あなたのお母さんが「本当に申し訳ないことをした。ごめんなさい」と謝ってくれたとしたら……あなたの感情も変化すると思います。

でも、多くの「親」は「子ども」に謝りません。

子どもがあのときこうしてほしかった！　と訴えても、ほとんどの親が、

「あのときは仕方なかった」

「何を今さら」

「そんなこと言ったかしら？」

というようなことを言います。

それを言われたとしたら……さらにガマンや不満を溜めていくだけですよね。


私の場合、「いいお母さん」のつもりで、実は、子どもたちを思い通りに誘導しようとしていたことに気づきました。

例えば、洋服を買いに行ったとき「あ、こっちのほうがいいよ！　絶対、カワイイ」とか、進路にしても「あなただったら、こっちがいいんじゃない？」などと、常に私が決めていたのです。

そのうち、子どもたちは何に対しても「どっちでもいい」「お母さん、決めて」と言うようになり、自分の本当に好きなものや、やりたいことがわからなくなってしまっていたのです。

そのことに気づいた私は、勇気を出して「お母さんが未熟だった」「あなたたちをコントロールしようとしていた」「これから変わるから、あなたたちの意志を尊重していないと思ったら言ってほしい」と謝りました。

子どもたちは「え、そんなこと言っていたっけ？」と言います。

でも、それを聞いた私は、「あ～、子どもにガマンさせて、心にフタをさせてしまったんだ……」と、自分のやってきたことを深く反省しました。

とはいえ、謝ったことで、子どもとの信頼関係を築くスタートラインに立つことができたと思っています。

それからは、子どもたちの意見を尊重し、考えて答えを出すまで待つ。「ゆっくり考えていいよ」と伝えるなどを続けることで、少しずつ信頼関係を取り戻していくことができています。

「怒り解放ワーク」で母への「ガマン」をぶちまける！

母への「ガマン」を解消するには、実は、第1章でご紹介した、身体を使って怒りを発散させるための「怒り解放ワーク」が、めちゃくちゃ効果的です。ぜひ、ここでもう一度、このワークをやってみましょう。

第1章では、主にパートナーに対する怒りをスッキリさせるツールとしてご紹介しましたが、母への「ガマン」を解消するためにも、ぜひ、やってみていただきたいと思います。

やり方は、対象を母に変えるだけです。

STEP1　1分間、怒りを爆発させる

「どうじて、あのとき、一緒にいてくれなかったの!?」

「テストの点がよかったときだけ、褒めやがって、バカヤロウ!」

「お姉ちゃんばかり、かわいがって……」

などと、とにかく腹が立ったことを思い出し、声に出して思いっきり吐き出しましょう。

そして、タオルを叩きつける、クッションを叩くなどして、身体を使って怒りを発散させてください。

中には、

「育ててもらった親には感謝しかない」

「親の悪口を言うなんて、できない……」

と言う人もいらっしゃいます。

「親は尊敬するもの」という価値観があったり、それだけ多くのガマンをして

きて、感情を抑え込んでいたりするからでしょう。

これは基本的に1人で行うワークですから、誰かに聞かせるわけではありません。また、あなたも親も人間ですから、お互いに腹が立つことだってあってあたりまえです。まずは、あなたの心のモヤモヤを取り除くためと考えて、やってみてください。

また、ときどき「汚い言葉を使うと、それが自分の潜在意識に入りませんか？」と心配する人がいます。でも、これは、すでに溜まった怒りを吐き出すためのもので、「今あるものを出す」ワークです。

何かを潜在意識にインプットするためのものではないので、心配せずに、思い浮かんだ言葉を出していきましょう。

最初は、何も口を突いて出なくてもいい。

パートナーや会社の上司などを思い浮かべて、とにかく、そこにある怒りを発散させることから始めてもいいでしょう。

また、母のことを思い浮かべながら、「ギャーッ」「わーっ」「うぉ〜!」などと叫ぶだけでも、なんでも構いません。

寝っ転がって、手足をバタバタさせるだけでもいい。

声を出さずに、息を吐き出しながら、サイレントに叫ぶのでもいい。

自分の内側にあるものを「出す」意識が大切です。

具体的に怒りが出てくるまでに数日かかる人もいます。

でも、抑え込んでいた「ガマン」のフタが外れれば、溜め込んだ怒りはマグマのように出てきます。

母への「ガマン」を解消して起こるデメリットは、悩みを抱えている人であれば、1つもありません。

時間は1分間。

1人になれる場所で、思いっきり発散してください。

STEP2　1分間、身体の感覚を感じる

STEP2以降も、基本的には同じです。

1分間、怒りを発散したら、次は、怒りを感じたときに自分の身体がどんな状態だったかを思い出して、体感を感じます。

母に、「アンタはうちの子じゃないよ」「〇〇ちゃんのほうができる」「なんで〇〇はできないの？」と言われたとき、胃がずしっと重くなった感じ。甘えたかったのに、「お姉ちゃんなんだから、ガマンして」と言われたときに、心臓がキュッと縮んだ感じなど、思い出して1分間体感してください。

身体の感覚をよみがえらせるのが難しいときは、ムリして感じようとせずに、ゴロンと横になり、ボーッと心と身体を休めるだけでもいいでしょう。

STEP3　1分間、自分を褒める

最後に、ワークをやった自分を1分間、「よくやった！」「すばらしい」と、

褒めてあげましょう！

1分が長いと感じたら、「つらいのに頑張ったね」「自分と向き合えて、よかった」「自分のために、時間を作れたね」など、ワークを実践した自分を具体的に褒めてあげましょう。

自分をハグしてあげるように両腕をさすりながら褒めてあげると、より効果的です。これを「セルフハグ」と呼びます。

「怒り解放ワーク」の効果が見えてくるまでにかかる時間は、人によってさまざまです。1週間ですぐにまわりの態度が変わってくることもあれば、数ヶ月経って、やっと「本当の怒り」が出てくることもあります。

ただ、やはり**1ヶ月ほど続けると、なんらかの変化を実感する人が多い**です。

また、ワークを続け、溜まっていた怒りが減るにつれて、「そう言えば最近、〝怒る〟現象が確実に減ってきたな」と感じることが増えると思います。

「怒る」ことが減ると、自然とワークをしなくなる場合が多いかもしれません。

でも、毎日はワークを行わなくても、日常生活でイライラすることがあったときなど、その時々で続けていくことをオススメします。

また、ワークを実践していると、気持ちが落ち込む、頭痛がする、倦怠感があるなどの、副反応が出る場合があります。

こんなときは、ムリをせず、できる範囲で続けてみてくださいね。

ゴールは「求める形とは違っても愛されていた」と思えること

「ガマン」の中でも、ほとんどの人にとって最も大きいと言える「母への怒り」を吐き出すと、心が少しずつ、本来持つ「愛」だけで満たされるようになります。

すると、「お母さん、大好き」「お母さんに愛されたかった」という、自分の本当の気持ちが見えてきます。

まずは、自分のそんな気持ちを認めてあげましょう。

自分はお母さんが大好きだった、だからお母さんにも愛されたかったんだという気持ちを解放してあげると、潜在意識に入っていた「愛された」記憶が浮かんできます。

顕在意識は、ネガティブなことを多く記憶しています。

例えば、「お姉ちゃんばかり、かわいがっていた」「あのおもちゃ、ほしいと言ったらダメだと言われた」などを覚えていて、「だから、愛されていなかったんだ」と思いがちです。

愛されなかった〝根拠〟を無意識に探していた、ということです。

でも、潜在意識では、生まれる前に10ヶ月もお腹の中で育ててくれたこと、その後も、寝る間も惜しんで、ミルクを与えてくれたり、学校に行かせてくれたりしたことなども、記憶しています。

そして、一度「ガマン」のフタが取れて解放されれば、**「自分は愛されていた」という根拠も次々と浮かんでくる**のです。

すると、それまでは幼い頃の自分の一方的な目線で「冷たくされた」「愛されていない」と思っていた、母への見方が変わってきます。

例えば、今の自分と比べ「あ、お母さんもまだ20代で、どうやって子どもと接したらいいか、わからなかったんだな」とか、「あれだけ、お父さんの仕事を手伝っていたら、私にかまう時間はないよな〜」「お母さんなりに頑張っていたんだな」「潜在意識とか学べる機会もなかっただろうな」などと思えるようになってくるのです。

よほどの場合を除き、親は自分の子どもを愛しています。

ただ、親の育った環境から愛情の表現が苦手だったり、子どものためによかれと思ってガマンを強いてしまったりすることもあるでしょう。

母へのガマンを解消することのゴールは、「**私が求めていたやり方ではなかったけれど、お母さんはお母さんなりに愛してくれていたんだな**」と、納得することです。

「自分は愛されていた」とわかれば、「母＝現実の世界」の見方が変わります。

母に愛される価値のある自分は、母の愛の不足に悩み、愛を求めていた自分とは違います。

母を愛し、母に愛されている自分は、現実の世界でもパートナーやまわりの人、そしてお金にも愛し愛される存在です。

不足を感じず、愛で心を満たすことができれば、現実の世界でも、パートナー、まわりの人間関係、お金にも満たされていきます。

つまり、あらゆる悩みが解消していくのです。

知らずに受け継いだ親の価値観から抜け出す方法

私は、おにぎりのかぶりものをして踊っている姿を日々、InstagramやYouTube、TikTokで発信しています。

そうして、ふざけきっているのは、**誰でも、思うように生きていいというメッセージを込めているから。**

実際に、そんな「マインドコーチ」の私のもとに悩みの相談に来られる方に、「なぜ、私のところに来られたんですか？」と聞くと、「ありのままに生きていそうだから」と答えてくださる方が、とても多いのです。

そんなときに私は、逆に「なぜ、あなたは思った通りに生きられないと思うのですか？」とたずねてみます。すると、多くの人は、「私にはムリ」「恥ずかしい」「勇気がない」「知り合いに見られたくない」などと答えます。

でも、**「できない」と決めているのは、あなたではなく、実は「親の価値観」であることがほとんど。**母に対する「ガマン」はもちろんですが、身近にいる親の価値観は、幼いまっさらな脳に刻まれます。そして、大人になっても知らず知らずに自分を縛っていることが多いのです。

小さい頃に「何かやりたい！」、例えば、「サッカー選手になりたい」とか「かわいいカフェをやりたい」などと言ったときに、「アンタにできるわけ、ないじゃない」「ムリムリ」「真面目に働くのが一番」「みっともないことしないの」「失敗したらどうするの？」などと親に言われた記憶はありませんか？

私がこう聞くと、たいていの方は「そう言われました！」「親は、いつもそう言っていました」「否定ばかりでした」などと答えます。

実は私も、今でこそ、思い通りに生きていると皆さん思ってくださいますが、若い頃は親に反対されて自分の夢をあきらめたこともあります。

オーストラリアに留学したいと思い、あれこれ調べて、行く学校まで決めて、そのために貯金までしていたのに、最後に親の「海外なんて、危ないからダメ」という声に逆らえず、断念したのです。

もちろん、こうして反対する親は、「危険なことをしないように」「高望みしてがっかりしないように」とか「ビジネスなんて、リスクが高いことして失敗しないように」と、心配して子どものために言っていたはず。

でも、そう言われたことが潜在意識に刻み込まれて、今のあなたの可能性を狭めているとしたら、もったいないと思いませんか？

私が自分自身で行って、親から受け継いだ価値観に気づき、そこから抜け出すのに効果的だったワークをご紹介しますね！

親の価値観から抜け出す「親の着ぐるみを着るワーク」

STEP1　親に反対された記憶を思い出す

まず、自分がやりたいと思っていて、親に反対された体験を1つ、思い出しましょう。

例えば、「子どもたちだけで旅行をしたいと言ったらダメだった」「受験のとき〝名前のある大学じゃないとお金を出さない〟と言われた」などでもいいですし、もっと小さなこと、例えば「メイクしたいと言ったら、〝そんなことより勉強しろ〟と言われた」「ヒラヒラした服は着るなと言われた」などでもいいです。

STEP2　自分の目の前に親がいると想像する

今、自分の目の前に親がいるとイメージします。立っていても、座っていても大丈夫です。

まず、あなたが自分の背中にあるチャックを開けて、自分の着ぐるみから抜け出します。そして、次に親の背中のチャックを開き、親の着ぐるみの中に入ります。

そうして、**親として当時のあなたを見たときに、あなたが何を思うかを感じてください。**

すると、例えば「子どもたちだけで旅行をしたいと言ったらダメだった」であれば、「誰か大人がついていかないと心配。お金を落としたり、道に迷ったりするかもしれない」と感じたかもしれません。

また、「受験のとき〝名前のある大学じゃないとお金を出さない〟と言われた」であれば、「有名大学へ行けば、いい会社に就職できるし、あとがラク。

苦労させたくないから、今は厳しくしておこう」と思ったかもしれません。

人は自分が禁止しているのに、それを自由にしている人を見ると、モーレツに腹が立ったり、反対したくなったりします。

ですから、もしかしたら、あなたの親が若い頃に自分の親（あなたから見た祖父や祖母）から厳しくされたり、縛られたりしていたら、あなたが自由にしようとすればするほど無意識に怒りを感じたり、禁止したくなってしまいます。

そんな親の気持ちも踏まえてあなたが親の立場に立ってみたら、これまで自分が思っていたのとは、異なる気持ちが湧いてきたはずです。

「着ぐるみワーク」をすることで、まず、親は子どもが憎くて言っていたのではないことがわかるでしょう。

それと同時に、「子どもたちだけでは危ない」や「有名大学へ行けば、あとがラク」というのは、あくまでも親の考えだと知ってほしいのです。

親はもちろん、そうして子どもを守っているつもりですし、親の考えを押し付けると子どもの人生にどんな影響を与えるのかを知らずに言っています。

あなたはただ、親の言うことに従わなければと思い、そうしただけ。

でも「それは〝親に言われただけ〟」ということを、自分に伝えてあげてほしいのです。

無意識のうちに親から受け継いだ「価値観」と、本来のあなたの可能性とは別なのです。

誰でも自分の可能性を信じていい！

書道家の武田双雲さんは、ご両親に常に肯定されて育ったそうです。

学生時代の部活中に「雲がキレイだな〜」と見つめていたら、コーチには「ボ〜ッとするな！」と、めちゃくちゃどやされたのに、その話を家に帰ってすると「そんな雲の変化に気づけるのはすばらしい」と言ってもらえたという逸話があります。

そんなふうに、何をやっても「すばらしい！」「なんでもできるよ」と言われて育てば、子どもは自分の持つ無限の可能性を存分に発揮して、何者にでもなることができるでしょう。

でも、残念ながら、そんな子育てができるご両親は、日本中を探しても、特に昭和の時代には、0・1％もいないはずです。

みんな、自分が育てられたやり方しか知らないし、何が正解なのかもわからないのです。

でも、だからといって、親のせいにしたり、「もう遅い」などとあきらめたりしないでほしいのです。大人になってからでも十分、自分の可能性を見つけて、信じて、発揮していくことはできます。

40歳、50歳を過ぎても遅くない。

50歳を過ぎてからわき役人生から卒業できた私のように、誰でも、何歳でも、自分の人生を生きることは可能です。

親に、自分の可能性を信じてもらえなかったのであれば、自分が今から信じてあげればいい。

自分を信じてあげられたら、そこからあなたの人生は180度変わります！

自分を心から信じてあげないで、誰があなたを信じてあげられますか？

ここまでつらくても頑張ってきた大切な自分を信じてあげてください。

自分を信じる人生にする。

そのためにできる、超簡単なワークをここでご紹介します。

超絶人生が変わる！「セルフハグワーク」

このワークは、私が7年間やり続けているとっても大事なワークです。

このワークを毎日するようになって、自分もまわりも変わりました。

簡単だし、いろいろな人が言っているいわば「定番もの」なので、「それ知ってる」と思う方もいらっしゃるかもしれません。

でも、毎日やっている人はあまりいないと思います。

ぜひ毎日やってみてください！

自分を信じる、大切にすることがどんなに大切なことなのかをわかってもらえると思います。

この「セルフハグ」のワークは、自分自身を抱きしめるように腕を回し、ポンポンと腕を叩いたり、さすったりして、自分を優しくいたわるワークです。

このとき、まずは、「これまで生きてきて偉いね」「生きているだけですばらしいよ！」「そのままでいいんだよ」などと、ありのままの自分を肯定する声がけがオススメです！

さらに、状況に応じて、「よく、ここまで生きてきたね」「頑張ったね」「大丈夫だよ」「これからよくなっていくよ」「きっとできるよ」などと言ってあげてください。

朝起きて顔を洗って鏡を見ながら、家事の合間に手が空いたとき、お風呂に入りながらなど、1日のうち、どのタイミングでも構いません。

行う時間も決めなくて大丈夫。

気づいたときに、自分を「ハグハグ」してあげてください！

「自分で自分を褒めるなんてできません……」と言う人がとても多いです。

そんなときは、もう1人の自分がいて「大丈夫だよ」「そのままでいいんだよ」と声をかけてくれるのをイメージしてみてください。私は普段は、お風呂に入ったときに、今日もよく働いてくれた自分の「腕」や「足」など、全身をさすりながら、「今日もありがとう！」と声をかけています。

また、何か恥ずかしいことをしたとき、まごまごしていて焦るときなどは、「YUKOB」という親友に登場してもらい、「大丈夫だよ、ずっこけても」「間違ってもいいんだよ」などと自分に声をかけてもらいます。

「セルフハグ」は、簡単すぎて「それでいいの？」「そんなことで自信がつくの？」と思うかもしれません。

でも、少しずつでも続けることで、あなたが親に繰り返し言われた「そんなのムリだよ」「できるわけない」という言葉に対する感情を癒し、寄り添い、そして、「私ならきっと大丈夫」と自分を信じてあげられるようになっていきます。

すると親の「価値観」を、ジワジワとひっくり返すことができます。

つまり、**自分のセルフイメージを高めていくことができる**のです。

多くの人は、「なんて自分はダメなんだろう」などと、それまで無意識のうちに自分を責めたり、否定したりしています。

それが「セルフハグ」を始めると、セルフイメージが高まるため、真っ先に、身近にいる夫や会社の人が優しくなったり、子どもの反抗的な態度が変わったりしたと嬉しそうに報告してくださいます。

「余白」には可能性が詰まっている

先日、私は息子と「なぜ、現代人はこんなに忙しいんだろうね？」という話をしていました。

テクノロジーの進化で、洗濯も掃除も機械がやってくれる時代です。

また、仕事だって、高性能のコンピュータやＡＩが、今まで人間がやっていたことを代わりにやってくれるようになっています。

昔よりも、自分のために使える時間は増えているはず。

でも、みんな、何かに追われるように、毎日忙しくしている。

そうして日々「やるべきこと」を片付けるのに躍起になっていると、本当の自分が何を求めているのか、何をやりたいのか、知る時間さえ作れないまま人生は終わってしまいます。

この本でも繰り返し述べてきましたが、「自分が何をやりたいか」がわからなければ、自分なりの人生を歩むことはできません。

私は、そうして毎日忙しくしている人は、「自分の心を見つめるのが怖い」と無意識に感じているのだと思っています。

そして、自分なりの人生を歩んでいる人たちを「あの人は才能があるから」「あの人は特別」と決めつけて、自分は違うと可能性にフタをしてしまっています。

それがものすごくもったいない!!!

もし、あなたが本当に、「自分の人生を生きたい！」「本当の自分とつながりたい！」と思っているとしたら、ほんの少しでもいいから、時間を作ってこの本でご紹介しているワークを試してみてほしいんです。

多くの場合、見るのが怖い「傷ついた自分の心」は、母親との価値観の相違や行き違いで生まれたものです。

母に対して持っていた、怒りや悲しみなどの「ガマン」を解放すれば、抑えていた愛が姿を現し、幼い傷ついた心は癒されます。

そして、ワークをしていく過程で心に余白が生まれて、自分が本当に何をやりたいのか、どうなりたいのかが見えてきます。

そうしたら、自分の心を大切にして心が望む方向に進むことで、自分なりの充実した人生を歩めるのです。

多くの人の脳は疲れ切っています。

脳は人と比べたり、過去の後悔や未来の不安、損得勘定ばかりを考えたりしています。そしてそのために「本当の自分」を見失っています。

ボーーッとする時間や何も考えていない「余白」にはあなたの可能性が眠っていますから、**「人生をよりよく」したいのであれば、勇気を振り絞って、余白の時間を作ってみてほしい**のです。

第3章でご紹介したワーク、「湯船で耳まで浸かる」は、バスタイムにできる「余白時間作り」にピッタリです！

ぜひ、ボーーーーッとする時間、脳を休める時間を取ってみてくださいね。

少しずつでも着実に変わっている

心に溜めた「ガマン」を解放し、「怒り解放ワーク」を行うと、ほとんどの人は1回で、何かしらの変化を感じています。

特に、これまで「怒ってはいけない」と自分の気持ちを抑えつけてきた人ほど、心が劇的に軽くなるのがわかると思います。

心が変われば波動が変わります。

そして行動が変わり、行動や波動が変われば、まわりも変わります。

けれど、そうして人生がよい方向に向かっていくと感じたのに、しばらくすると、何かうまくいかないことが起こったり、気持ちが落ち込んだりする。

すると「え、また、元通り？」とがっかりして、せっかく続けてきたことを投げ出したくなってしまう人もいます。

でも、**これは、誰にでも起こることです。**

そこであきらめないでほしいのです。

「序章」で、人間には「現状維持機能（ホメオスタシス）」が備わっているとお話ししました。

誰でも、急に変わろうとすると、ビックリした「現状維持機能」が、元に引き戻そうとします。

が、変化を拒む機能はそれだけではありません。

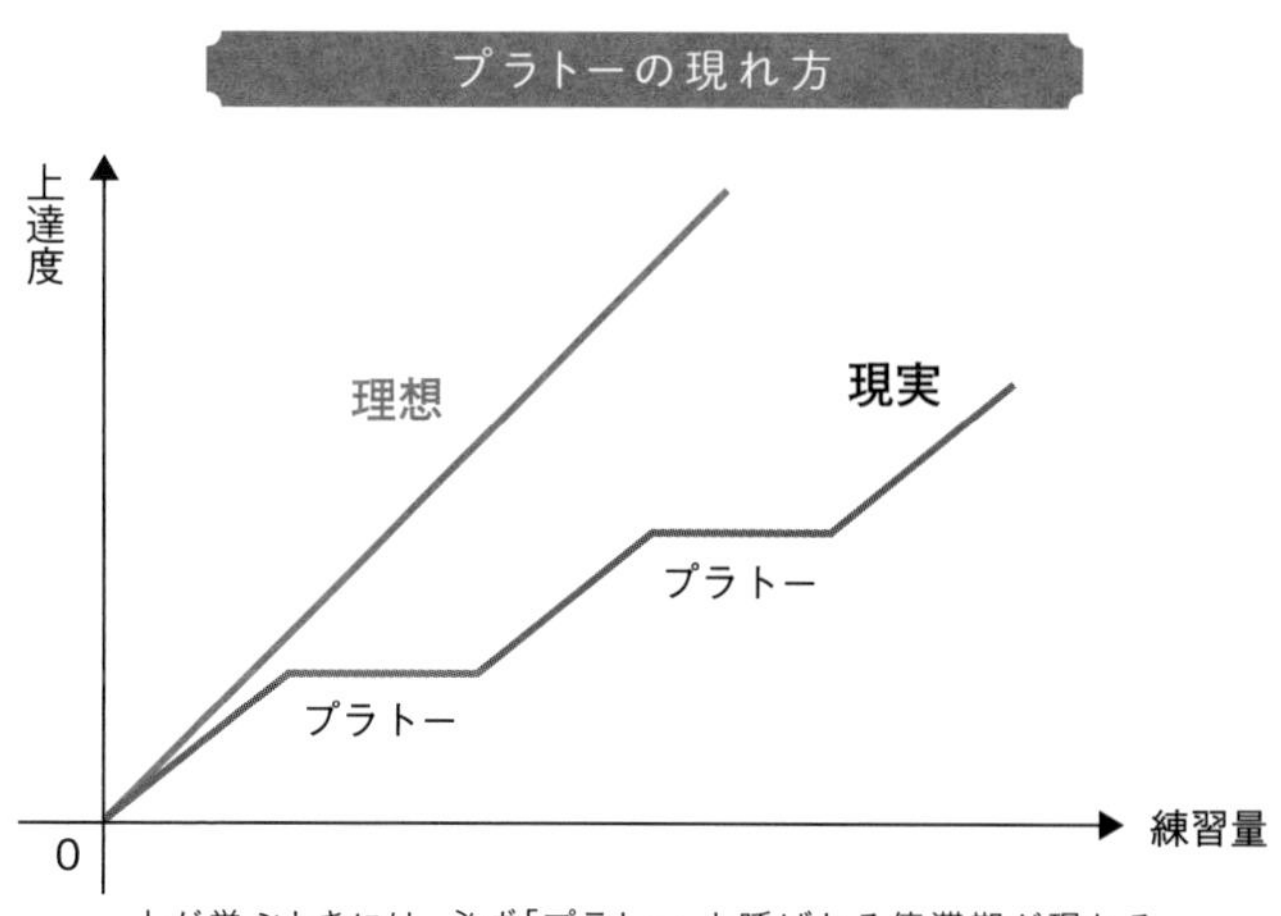

人が学ぶときには、必ず「プラトー」と呼ばれる停滞期が現れる

ほかにも進歩を感じなくさせる、私たちの身体の仕組みがあります。

それは「**プラトー**」と呼ばれる現象です。

人が何かを学んだり、筋力トレーニングなどを行って身体を変えようとするとき、必ず「停滞期」が訪れます。

望むように、一直線に、同じペースで進化していくのではなく、ある一定の期間ごとに、成長を感じられない時期がやってくるのです。

ダイエットをしていても、ある程度、体重が減ると、下げ止まったように思える「停滞期」がやってきます。

ここで焦って今までと違うことをすると、せっかく体重が減った状態に身体が慣れようとしているのに、リズムが乱れ、そこから減りにくくなります。

ただ、これはあくまでも一時的な停滞状態ですから、淡々と、これまでと同じように信じたことを実践していけば、しばらくして乗り越えられることがほとんどです。また、進化が止まったように思える時期でも、実はよく考えると小さな変化は起きています。

クライアントさんでも、よく「自分が全然、変わってない気がして、イヤになっちゃう」と言う方がいらっしゃいますが、そんなとき、私が「いや、◯◯さん、めちゃくちゃ変化していますよ。去年の今頃はあんなこと言っていたじゃないですか」と言うと、「言われてみれば、そうですね！　すっかり忘れていました！」となるのです。

私は「元に戻ってしまった」「また、イライラしています」と焦る方たちに、「ジャーナリング」をオススメしています。

自分の成長を見つける「1行ジャーナリング瞑想ワーク」

これは瞑想が苦手、うまくできないという人にオススメのワークです。

「ジャーナリング」とは、頭に浮かんだことをそのまま書き出す、シンプルなメソッドです。

そのときに感じたことを、1行で構いません。

「実家の母が庭で採れた柿を送ってくれた」
「自分から笑顔で挨拶をしたら、1日中気分がよかった」
など、どんなことでもいいのです。

書くことがなければ、「書くことがない」と書いてください。

もっと書きたかったら、2行でも、3行でも1ページでもいいので書いてみましょう。


できればパソコンやスマホではなく「手書き」がオススメです。

なぜかというと、手で書くことで人は「クリエイティブ脳」を活性化させると言われているからです。

そして、「〜〜するべき」『〜〜せねばならない」という「理性脳」を黙らせる効果があるとも言われています。


手で書くのは、創造性を生む行為。本当の自分と出会う行為とも言えます。


そして、これは私の経験値ですが、手で文字を書くと思ってもみないことを書いている自分に気づきます。

忘れていたことや「私、そんなこと考えていたんだ」というような、潜在意識から引っ張り出された言葉が出てくると思っています。

手で書くことで、心がスッと軽くなることが多いです。

ちなみに私は、心から出てくる言葉（本音）を数ページ書いています。


私がジャーナリングをするときに自分に課したルールが1つだけあります。

それは、「絶対に本音を書く」ということ。

「誰かに見られても大丈夫なように」とカッコつけた言葉を書いてしまったときは、「あ、私またカッコつけてる」と書きます（笑）。

とにかく自分の本音をノートに書いて、ノートに聞いてもらう。

そんな「親友」として「書くこと」と付き合っていってほしいと思っています。


落ち込んだり、「プラトー現象」で進化が止まった気がしたりしたときなどは、以前に書いたものを振り返るのもオススメです。

以前に書いた日記などを読み返すと、「え〜っ、そんなこと考えていたんだ」と恥ずかしくなることがありますよね。

それは、そのときの自分よりも成長しているから、そう感じるのです。

「1行ジャーナリング」で、1行でもいいので書き留めておくと、あとから振り返って、自分の成長を感じやすくなるはずです。

そして、「本音の自分」を愛(いと)おしいと感じてもらえると思います。

ホンネで生きるのをジャマする「もう1人の自分」と話そう

この本の最後に、「自分らしく生きよう」とするとき、無視できない「もう1人の自分」についてお話しします。

「もう1人の自分」とは、あなたが自分の性格で「イヤだな」「嫌い」と思っているところです。

私は、以前は「嫌いな自分」を悪魔のイメージで「YUKO C」と呼んでいました。例えば、「なかなか行動できない」だったり、「コツコツ続けられない」だったり、「深く考えない」など、人によっていろいろあるでしょう。

でも、よく考えてみてください。

例えば「なかなか行動できない」のは、裏を返せば「慎重」であるということ。じっくり考えてから動く人は、それだけ失敗も少ないと言えます。

また、「コツコツ続けられない」のであれば、それは「いろいろなことに興味がある」だったり、「新しいことに迷わずチャレンジする」性格だとも言えます。

よい面を見ずに「嫌い」になってしまったのは、母やまわりの影響が大きいはずです。

お母さんに「アンタはなんでいつも、そんなに遅いの?」とか、「早く決めなさい」などと言われたから、「この性格は、よくないんだ」と、あなたの持つ一面を嫌いになってしまったんだと思います。

私は、「自分らしい人生を生きて、幸せになる」ためには、誰かに愛してもらうよりも先に、自分が自分を愛していることが超絶大事なこと！　だと思っています!!

例えば、あなたがとっても気に入ったバッグを友達に紹介するとして、「このバッグ、最高なのよ〜〜！　どう思う？」と勧めたら、相手は「どれどれ？」と興味を持つでしょう。

でも、「このバッグ、イマイチだけど、どう？」と言っても、相手はイマイチなものなら、別にいいやと思うはずですよね。

みんな、「嫌いな自分」が自分の中に必ずいます。

そして、このように自分を「イマイチ」扱いしていると言えます。

自分のいい面も、そうでないと思う面も、あるがままを受け止め、愛してあげてほしいんです！　あなたがもし、母からの「愛の不足感」があるのであれば、自分の愛で埋めてあげればいい。

母が愛してくれなかったと感じている分、自分だけは自分を見捨てない！

自分が愛してあげるから大丈夫！
待ってろ私!!!　と思ってあげてほしいんです。

ということで、「嫌いな自分」と向き合い、あるがままの自分を好きになるための、とっておきのワークをご紹介します。

あるがままの自分を好きになる「嫌いな自分に向き合うワーク」

STEP1　「一番嫌いな自分」を思い浮かべる

まずは、一番嫌いな自分の姿を思い浮かべましょう。
それは、どんな姿でも自由です。ちなみに私は最初、目つきの悪い丸い形をしたグレーの物体が出てきました。

そして、「一番嫌いな自分」を、身体の中から手のひらに出してみましょう。
その自分は、何色ですか？
どんな雰囲気ですか？
どんな形をしていますか？
また、どんな様子でしょうか。

私がワーク中にこうたずねると、多くの人は「なんかグレーっぽい色をしています」「粘土みたいで暗い色です」「うつむいてます」「私に背中を向けて、体育座りしています」などと答えます。

STEP2　その子に話しかけてみる

その子に話しかけてみましょう。
その子はあなたの一部であり、その子がいてくれたおかげで、自分を守れたり、前に進ませたりするなどの、よい点は必ずあったはずです。いがみ合っていた友人と仲直りするようなつもりで、話しかけてあげてください。

「今まで、嫌っていてごめんね」「お世話になったね〜」「本当は仲直りしたいんだ」「本当は、大好きだよ」などと言うと、たいていの場合、最初は「そんなこと言って、また冷たくするんじゃないの?」などと、すねたりします。

でも、「そんなことないよ」「私の一部だったのに、嫌いって言ってごめんね」「愛してるよ」などと重ねて言うと、「嫌いだった自分」に変化が起こります。

人によっては、背中を向けていたのが、こっちを向いてくれたり、笑顔になったり、また、色がグレーからピンクに変わったりします。

STEP3　嫌いだった自分を自分の身体の中に戻す

「嫌いだった自分」のご機嫌が直ったら、自分の中に戻してあげましょう。

自分の身体に取り込んだら、「嫌いだった自分」が光となって、全身をかけめぐる様子をイメージします。

STEP1〜STEP3までの時間は、1分ほどで大丈夫です。

ただ、自分を責めたり否定したりする癖がある人は、「あ、またやっちゃった」と気づいたら、その場でやってあげてください。

私は、誰よりも自分を責めて否定する癖がありました。でもこのワークを繰り返すうちに、「こんなに一生懸命、生きてきたのに、自分を責め、否定してきて、本当に自分がかわいそうだった」と思えるようになりました。

そうして「嫌いだった自分」を今ある自分と一体化させることで、少しずつ自分のありのままを認め、愛せるようになっていきます。

つらいときこそ人生が変わるタイミング

この本を手に取ってくださった方は、もしかしたら、今、つらい時期にあるのかもしれません。でも私は、自分の経験からも、つらいことが起こるときは、むしろ人生が変わるタイミングだと思っています。

願いを叶え、幸せになるために、宇宙が「これだと違うよ」「こっちの方向じゃないよ」と教えてくれています。

私が、「師匠」であり恩人である、心理カウンセラーmasaさんに出会ったのは、人生が最悪と言えるほどのどん底のときでした。

朝4時半から夜11時までバリバリ働いていたのに、体調を崩して原因不明の発熱とめまい、動悸で寝たきりになりました（後に甲状腺の病気だったことがわかりました）。

さらに、当時とても信頼していた人に裏切られ、ショックで精神的にも大打撃を受けて、精神的にも肉体的にも最悪な状況になり起き上がることもできず、大好きだった仕事を辞めざるを得ませんでした。

でも、そんな状態に陥ったからこそ、救いを求めてYouTubeを観るようになり、masaさんに出会えたのです。もしもあのとき、ムリをして仕事を続けていたら、YouTubeでmasaさんに出会うことはなかったでしょう。そして、今のような「マインドコーチ」として、多くの人の人生を幸せに導くことはなかったと思っています。

人生、何が起こるかわかりません。「最悪」と思うときこそ、その状況には、人生を大きく好転させるタネが埋もれています。

30代の頃、元夫が借金を繰り返し、ヤミ金に追われる日々。

30代半ばで2人の子どもを連れて離婚をし、その後、息子が毎日のように暴れて発達障害と診断され、父は浮気を繰り返し、母は長いうつ状態。

私の頭の中では常に「孤独」という言葉が巡っていました。

「私よりも不幸な人いる⁉」と本気で思っていました。

でも、その経験すらも「今の自分を作ってくれた大切な経験だった」と言えます。それは、自分の心を見つめ、頑張って生きてきたのに責め続けた自分にたくさん謝罪して、「よくここまで頑張ってきたね」と労ってきたからこそ。

あの経験があったからこそ、ここまで来られた、と思っています。

つらいときだからこそ、あきらめないでほしいんです。
40歳を過ぎても、50歳になってからでも、私のように人生を変えることはできる。ポンコツな人生を歩んできた、私でもできたのだから、あなたにも必ずできると心から信じています。

そして、心から応援しています！

あなたの未来は明るいから。
大丈夫!!!

✦おわりに✦

今思い出してみても、私の幼少期にはあまりいい思い出はありませんでした。

ノロマでデブでダメな子。私のセルフイメージはずっとこのまま固定されていました。だからそのままの人生になっていき、学校でも会社員になっても結婚しても、うまくいかなかった。

だって、「どうせ私はノロマでデブでダメな子だから」という〝**確固たる根拠**〟を握りしめていたから。でも、その根拠は「まわりにいる大人や環境」が作っていたなんて、心理学を学ぶまでまったく知りませんでした。

カウンセラーを始めてから、毎日たくさんの方のお話を伺ううちに、「私の幼少期と同じ思いを大人になってもずっと持ち続けている人が、こんなにもたくさんいたんだ！」と驚愕（きょうがく）したことを覚えています。

だったら、私が生きることが楽になったように、私の経験を話していきたい、伝えたい！　そして、「いつからだって人生やり直せるし、この人生で生まれ変われるんだよ！」と伝えたい!!!

そんな気持ちでいっぱいになりました。

それから、恩人であり師匠の心理カウンセラーｍａｓａさんから、人生の「本質」を学びました。その「本質」を届ける方法を探していたときにｍａｓａさんから、

「ゆーこりんらしく、発信すればいいんだよ」

と言ってもらい、直感的におにぎりのかぶりものにたどり着きました（笑）。

でも、そこからたくさんの人に出会い、今の私がいます。

ここまで学び、自分の心を見つめることで、今まで「私をわかってくれない！」と思っていた両親に対して、

「本当は愛してくれていたんだ」

「私は心から愛されたかったんだ」

という気持ちが沸々と湧いてきました。

凝り固まった心をほぐすのは、もしかしたら時間がかかるかもしれません。

でも、あなたが「本当の自分」として生きるために、あなたがあなたであるために、勇気を出してこの本に書かれているワークを繰り返してみてください。


あなたは1人ではありません。

いつもあなたの中にいる、「怒りを溜めてきた自分」「頑張ってきた自分」「ずっと泣いていた自分」「悔しかった自分」「本当は愛したい、愛されたいと思っている自分」と一緒です。

その大切な自分の「感情」を共有しながら、人生のリスタートを切ってもらえたら嬉しいです。


最後に、恩師であり尊敬する心理カウンセラーmasaさん（X：@masa_counselor）に、この場をお借りして感謝を伝えたいと思います。

masaさんとの出会いがなければ、私はこの仕事をしていませんでした。

おわりに

そして、この本を書くこともありませんでした。

いつもいつも、あきらめずに何度も何度も大切なことを伝え続けてくださったｍａｓａさん。そして、本当の感謝とは何か、人としての本質を教えてくださったことに、心から感謝いたします。ｍａｓａさんへのご恩を、ｍａｓａさんがいつも伝えてくださるように、「恩送り」としてたくさんの方に伝えていきます。

そして、大好きな大切な人たちにもメッセージを伝えさせてください。

私を育て、支え続けてくれた尊敬するお父ちゃん、大好きなお母ちゃん（本の中でちょいちょいディスってるけど感謝してます！）。私の子どもとして生まれてきてくれて、たくさんの苦労をかけた最愛のひなとりく。いつも私を理解し、味方でいてくれて、応援し支え続けてくれる夫のよっちゃん。

私の理解者であり、笑いの師匠でもある大好きな叔母のてこちゃん。

いつも私を陰で支えてくれるスタッフの金子ナオミさん、牛込夕子ちゃん。

一緒に学び続けてくれた仲間の、ハートサポーターともみん（X：@supporter_heart）、豆腐メンタル経済自由人おかぴー（X：@okapiii01）。

大好きなビジネスコンサル生さんたちの、林優子／心を整える美容師（X：@l_yuuko）、まひな／やわらかコンサルタント（幸せの循環を起こす専門家）（X：@mahina_1111）、いちえ／メンタルサポーター（X：@ichie0516）、メンタルコーチ　ｔｏｙｏ（X：@smile_toyo0724）。

大切なプログラム生の皆さま。私のメールマガジンを読んでくれている読者の皆さま。いつも投稿を見てくださるSNSフォロワーの皆さま。

そしてこの本を出すきっかけをくださり、一緒に切磋琢磨（せっさたくま）してくれたKADOKAWAの大井智水さん、フリーライターの塩尻朋子さん。

幼い頃から一緒に悩み、笑い、歩んできてくれた幼なじみのみゆきちゃん、ともみちゃん、ひろみちゃん。

おわりに

私がどこの誰だか知らないのに、この本を手に取ってくださったあなたにも。

いつも私を支えてくださっているすべての皆さまに、心から感謝いたします。

本当に本当にいつもありがとう！　みんなみんな大好きです！
ビバ!!!　アラフォー！　アラフィフ！　アラカン！
この人生でもう一度、本当の〝自分〟に生まれ変われ!!

あなたの未来は明るいよ。
いつもいつも、心から応援しています！

マインドコーチ　ＹＵＫＯ

YUKO（ゆうこ）
「アラフォー、アラフィフの夢を叶えたい」という目標のためにマインドコーチとしてハッピーマインドをSNSで伝える。過去には元夫の800万円の借金、離婚、息子の発達障害、母のうつ……などの苦労を経験。なんとかこの生活から抜け出すためにと引き寄せの法則、エネルギー論、心理学などを学び、心にはびこるガンコなガマン癖が思い通りの人生を生きられない原因であることに気がつく。次第に「年収1000万円・年商1億円超え」「再婚し愛情ある生活」などの人生大逆転を達成。

ガマン根こそぎ解放術
愛とお金がどっさり増えた人生大逆転の秘訣

2024年3月15日　初版発行

著／YUKO

発行者／山下　直久

発行／株式会社KADOKAWA
〒102-8177　東京都千代田区富士見2-13-3
電話　0570-002-301（ナビダイヤル）

印刷所／図書印刷株式会社

製本所／図書印刷株式会社

●お問い合わせ
https://www.kadokawa.co.jp/（「お問い合わせ」へお進みください）
※内容によっては、お答えできない場合があります。
※サポートは日本国内のみとさせていただきます。
※Japanese text only

定価はカバーに表示してあります。

ISBN 978-4-04-606730-2　C0095